Philosophy of Nonhuman and Antipolitics

人間ならざるものと反政治の哲学

浅沼光樹

Kouki ASANUMA

青土社

目次

人間ならざるものと反政治の哲学

イティネラリウム――人間ならざるものから反政治へ

二一世紀思想としての〈現代思想〉は〈実在論〉としてはじまった。本書の背骨を形づくっているのも、この〈実在論〉の新動向である。ただし別の生きものの支柱として用いるために、この背骨には改良がほどこされ、さらに異質な知能・感覚器官が備えつけられて、生まれたばかりのこの生きものは固有のヴィジョンで自己と世界をながめている。

本書の第二部では、〈思弁的実在論〉を貫いているのが〈人間ならざるもの〉へのまなざしである、ということ、第三部では、〈新しい実存主義〉を説きながら、この〈人間ならざるもの〉を本当の意味でくぐりぬけていないために、ガブリエルの〈新しい実在論〉が古い実存主義の復興にとどまっている、ということが示唆されている。だとするとガブリエルの〈新しい実存主義〉は〈思弁的実在論〉を通過することによって〈人間ならざるものの実存主義〉へと生まれ変わらねばならないであろう。そのとき、この〈ねばならない〉を背後から支えているのは〈思弁的実在論〉や〈新しい実在論〉とは一見異質に思われる〈ポスト・ヒューマンへの東洋的な見方〉である。

〈ポスト・ヒューマンへの東洋的な見方〉は、いまだ十分に顧みられていない戦後の京都学派に由来し、〈人間ならざるものの実存主義〉を基礎づける一方で、私たちの視線を〈人間は本質的に政治的動物である〉という伝統的見解のそとにまで追いやらずにはおかない。〈人間は必ずしも本質的に政治的動物ではない〉という縁暈に囲繞された、この領域を仮に〈反政治の政治学〉と名づけてみた。

この生きもののたたずまいは見るからに不安定であり、時を置かず崩れ落ちてしまうかもしれない。しかし本書を読み終えるまではきっともちこたえ、道案内をつとめてくれるはずである。

第一部

戦後の京都学派の遺産

第一章　ポスト・ヒューマンへの東洋的な見方

一　メイヤスー――相関主義批判の宗教性

メイヤスーの宗教的関心

安藤礼二の『大拙』に、カンタン・メイヤスーの『有限性の後で』[1]を論じている箇所[2]がある。私なりに要約してみるならば、大拙の盟友である西田幾多郎の思想のうちにメイヤスーと同様のモチーフ（相関主義批判）が見てとられたあと、さらに相関主義の彼方に瞥見される光景、メイヤスーの「ハイパーカオス」までもが西田の「絶対矛盾的自己同一」と内容的に比肩しうる、という旨の主張がおこなわれている。この見解が唐突に思われないように、用意周到にも安藤は、「集合論」への関心がその際に二人の思想をつないでいる、と付言するのを忘れていない。冷静に考えてみる

（1）カンタン・メイヤスー『有限性の後で』（千葉雅也・大橋完太郎・星野太訳）、人文書院、二〇一六年。
（2）安藤礼二『大拙』講談社、二〇一八年、第五章「戦争と霊性」参照。

と、相関主義批判をめぐってメイヤスーと西田の間に一種の並行関係が見出される、ということは、『善の研究』の出立にあたって西田が主客未分の純粋経験に立脚していたことを想起するならば、十分に首肯できる。だから私は安藤氏の見解をそれほど不自然だとは思わないし、つまるところ本章における私の主張も氏の見解と重なり合うのかもしれない。しかし登る山は同じでも、どの経路を選ぶかによって目にする景色や体験の内容が違ってくる、ということも、ありえないわけではなかろう。

私の選んだ登山ルートはメイヤスーの宗教的関心である。メイヤスーが強い宗教的関心の持ち主であることに疑問の余地はない。公刊こそされていないものの、博士論文『神の不在（*L'inexistence divine*）』の概要は周知されているし、『有限性の後で』という著作がメイヤスーの特異な神概念を樹立するための土台づくりだ、ということも、著者みずから折にふれて語っているからである。それにもかかわらず『有限性の後で』という著作そのものに、あるいは特にその〈相関主義批判〉に、どれほどの宗教的含意を感じとるかは読者次第であり、その人の資質によって変わってくるだろう。安藤氏はそうした感受性の持ち主の一人に数え入れられるかもしれないが、そうでない人、つまり、たとえ『有限性の後で』の意図を十分にわきまえていようと、メイヤスーの相関主義批判に別段、宗教的ニュアンスを読みこまない人のほうが、実際には大多数ではないかと思われる。

祖先以前性と科学的認識

その理由の一つは、おそらく相関主義批判のもつ——宗教的含意をかき消してしまいかねないほどに強烈な――一種の歴史哲学的インパクトだろう。メイヤスー以前のフランスの哲学界に君臨していたのは構造主義からポスト構造主義へと至る思想潮流であって、その地位は揺るぎないと思われていた。ところがメイヤスーは、こうした先行世代の思想的成果を――〈言語論的転回〉にまでさかのぼりつつ――十把一絡げに、カントのコペルニクス的転回以後に現われた〈主観性の形而上学〉の変種――彼の言い方では「強い相関主義」――でしかないと一刀両断に切り捨てたのだった。その辛辣さは、心の底でみずからの先進性を誇っていた〈言語論的転回〉以後の二〇世紀思想の正体を一瞬で暴いてみせた、という点にも見てとられる。メイヤスーによれば、二〇世紀哲学とは埃に塗《まみ》れた一八世紀の骨董品をペンキで塗り直しただけの代物だったのだ。もっともこうした手口にも先例がないわけではない。グレアム・ハーマンに典型的に見られるように、先行世代との差別化を図ろうとして二一世紀初頭における多様な実在論運動は、メイヤスーの相関主義批判に最終的な拠り所を求めたわけだが、それにもかかわらず、〈二〇〇年に及ぶ観念論の圧政に喘いだ暗黒時代の後にようやく訪れる新時代〉というメイヤスーの謳い文句に、ヘーゲルやハイデガーと同類の歴史哲学――いわゆる〈大きな物語〉――の香りを嗅ぎとるのは、何も私一人ではあるまい。

閑話休題《それはさておき》、「強い相関主義」の克服――あるいは〈絶対的なものの知〉――が喫緊の課題である理由としてメイヤスーがあげていたのは「祖先以前性」と「信仰主義」という二つの問題であった。ちなみに、後者は内容ばかりか用語の上からもヤコービを連想させ、私自身としては語りたいことも多々あるが、それについては別の機会に譲り、ここではただ〈二つの理由の間に一種の不均衡が感じられないか〉とだけ問いかけてみたい。要するに、「信仰主義」という主題が露骨に宗教的なのに対し「祖先以前性」のほうはそのように思われないということはないだろうか、と。相関主義批判において――人類という種の登場以前を意味する――「祖先以前性」の概念が重要な役割を担っているのは間違いない。しかし「信仰主義」の重要性も「祖先以前性」のそれに劣るとは思われず、これらは相関主義批判という一つの車の両輪とも見なしえよう。ところが、「祖先以前性」においては、いわば日常的に〈主観なき客観〉の認識を実践する自然科学の営みに照らして、哲学も「相関主義」の旧套を脱するべきだと訴えられているのだから、そのかぎりにおいて相関主義の克服にはたんに〈宗教的理由〉のみならず、それとは別に〈科学的理由〉もある、ということになりはしないだろうか。――ここには〈二にして一〉という関係が隠伏しているように思われるが、するとなおさら〈「祖先以前性」と「信仰主義」を相関主義批判の両輪にしている当のものは何か〉と問わねばならないだろう。

主観主義的形而上学と思弁的唯物論

「強い相関主義」という言い回しには〈相関主義の病という観点から見れば二〇世紀の哲学はたんなる悪化でしかない〉という皮肉がこめられている。この病気の一段の進行のせいで現代の相関主義には、カントの弱い相関主義を克服するために用いられた手段はもはやそのままでは効き目がない。ここで言われる〈悪化〉とは、具体的には〈もの自体が認識されえないだけでなく思考もされえなくなった〉という事態にほかならないが、〈相関関係そのものを絶対的なものとして捉え直す〉というヘーゲル以来の治療法をそのまま流用したところで――言いかえると精神（ヘーゲル）

や生命〈ベルクソン〉など「主観性の審級の一つ」を〈絶対的なもの〉と認めたところで——この難局は乗り切れないのである。このように「強い相関主義」が主観主義的なアプローチ——これをメイヤスーは「主観主義的形而上学[3]」と呼ぶ——によって克服されえないならば、客観主義的ないし唯物論的なアプローチに賭けるしかない。だからこそメイヤスーはみずからの立場をたんなる「思弁的実在論」ではなく、ことさらに「思弁的唯物論」と呼ぶのである。

このことの背景には自然科学と、それが見出したもはやいかなる主観もない純粋に客観的な世界を重視する、というメイヤスーの基本姿勢があるだろう。そのかぎりにおいて相関主義の克服を私たちに迫る理由の一つは科学的なものでなければならない。しかしだからといって宗教的理由が不要だということにはならない。では、この二つの理由をつなぐものは何なのだろう。本章において私はその絆を〈人間〉と捉えてみたい。現代の実在論の背後には〈人間〉の問題がひそんでいる。メイヤスーの言うように、数学によってなるほど私たちは〈主観なき客観〉の世界へとアクセスしうるだろう。とはいえ、仮に数学が人間を必要としていないとしても、数学を用いて世界を科学的に認識するのは人間である。だがそれはいかなる〈人間〉だろうか。相関主義は批判され、〈主観なき客観〉が問題となっている以上、この〈人間〉は客観に相関的な主観ではありえない。人間という種が生まれる以前の、あるいは絶滅後の世界を認識するのは、いったいどのような〈人間〉なのだろう。この〈人間〉においていわば〈祖先以前性の宗教性〉が問われうる余地が残されている

(3) メイヤスー『有限性の後で』九一頁以下。

のではないか。

二　ガブリエル――新しい実在論における人間の問題

構築主義批判と精神

　ここでメイヤスーと並び称され、思想上のライバルと見なされることもあるマルクス・ガブリエルに目を転じよう。哲学者が自身の思想的立場を説明する仕方は一つとはかぎらず、その整合的解釈に頭を悩まされることも少なくない。ガブリエルの〈新しい実在論〉の場合も同様である。ここでは主著『意味と存在（*Sinn und Existenz*）』で採用されている説明を取り上げたい。それによれば、ガブリエルの実在論的存在論は二つのステップによって構成されている。第一は〈世界は存在しない〉というテーゼ、第二は〈無数の意味の場が存在する〉というテーゼである。ところでこの二つは、同書に先立つ『なぜ世界は存在しないのか』[4]においても、同じ順番で登場するが、このベストセラーではそれに続いてさらに「精神《ガイスト》」の主題が登場する。続篇の『「私」は脳ではない』[5]になると、副題が示すように「二一世紀のための精神の哲学」が正面から話題とされ、この問題系にはのちに〈新しい実存主義〉の名が正式に付与されることになる。[6]

　読者にとって躓きの石となるのは〈実在《レアリテート》〉や〈存在《エクシステンツ》〉の話をしていたのに、いつの間にか〈精神《ガイスト》〉や〈実存《エクシステンツ》〉の話に移行しているという点だろう。話がすりかえられたような印象を受けるが、これについてはのちに説明することにし、ひとまず応急処置として、メイヤスーにしても人間を捨象しているわけではなく、それが通常の主客の相関を脱しているだけだ、ということに注意を促すにとどめたい。ところがガブリエルの場合には悪いことに、〈意識〉の立場を出ない――よく言えば古典的・悪く言えば黴臭い――人間論に逆戻りしているのではないか、という嫌疑が付け加わる。〈人間〉とは何なのか、ということについては、たしかにメイヤスーも科学的認識の主体というだけで、それ以上の説明を与えていない。ただ彼自身は「主観主義的形而上学」に対する拒否の態度を明確にしており、その点が曖昧なガブリエルの〈新しい実在論〉は、メイヤスーやハーマンのような現代風の実在論ではなく、かえって反動的な観念論の一種と受け止められがちである。

メイヤスーへの応答

あらかじめ私自身の見解を述べよう。先に述べたガブリエルの第一テーゼから第二テーゼへの転換において一つの特異な主観（主体）が生じているのではないだろうか。そしてこの主観（主体）にあらためて焦点をあてるところに彼の〈精神の哲学〉や〈新しい実存主義〉が成立しているのではないだろうか。ところがその製造の工程が明かされないままに、試作品だけが私たちの前に置かれ

（4）マルクス・ガブリエル『なぜ世界は存在しないのか』（清水一浩訳）講談社選書メチエ、二〇一八年。

（5）マルクス・ガブリエル『「私」は脳ではない――二一世紀のための精神の哲学』（姫田多佳子訳）講談社選書メチエ、二〇一九年。

（6）たとえば、マルクス・ガブリエル『新実存主義』（廣瀬覚訳）岩波新書、二〇二〇年、参照。

ている。この主観（主体）が何者なのかは、この二つのテーゼの狭間に埋もれ、十分に看取することができないが、しかしこの試作品にはいくつもの欠陥があるので、完成品にはほど遠いということだけはわかるのである。とはいえ、このような不完全性を残しながらも、ガブリエル的な主観（主体）がメイヤスーとの関係において少なからぬ意義をもちうる、ということは、『意味と存在』第四章におけるメイヤスー批判からも部分的にうかがい知ることができる。というのも、そこでガブリエルは〈理性にとって絶対に他なるものは、何も人類誕生以前や絶滅以後に探し求めるまでもなく、今も至るところに見出される〉[7]と反論しているからである。これを〈祖先以前的なものは脚下にある、しかも無数のさまざまな形態をとって〉とパラフレーズすることもできるだろう。

注目されて然るべきなのに、このようなガブリエル的主観（主体）の特異性は看過されがちだが、その理由はこれまで述べてきたこと以外にもある。ガブリエル自身を含め、フェラーリスなど〈新しい実在論〉者は、同じカント主義でも相関主義ではなく、構築主義の側面を、要するに（自我それ自体を含め）ものそれ自体が認識されえない、ということよりも、真理や事実が共同主観的に構築される、という主張を問題視している。しかも——これはガブリエルの場合に特に顕著なのだが——真理や事実を自然科学に独占させまいとするあまり、自然科学以外のあらゆる認識領域においても、真理や事実がそれ自体として展開するかのように見なす傾向がある。その結果、真理や事実と認識との間の親和性——ガブリエルはこれを「理解可能性」[8]と呼ぶ——が原理的に承認され、そうした人間の知のあり様がヘーゲルの「客観的精神」にならって〈精神《ガイスト》〉と呼ばれることにもなる。この古めかしい言葉にガブリエルが託しているのは、〈心的なもの〉と〈物的なもの〉とが相互に浸透し合いながら、なおかつ完全には同一視されえない関係性だろうが、いかんせん説明が足りないように思われる。こうした立場をたんに洗練された観念論にすぎないと見なすのは十分に可能だろうし、そうである以上メイヤスーのいわゆる「主観主義的形而上学」の嫌疑を完全に振り払うのは難しいだろう。いかなる場合にもこの両極が完全に分断されることはありえないと言うのなら、それは〈主客関係の絶対化（主観主義的形而上学）〉とどこが違うのだろうか。同じでないと言うのなら、それがどのようなことか明示されねばならないだろう。

人間とは何か

〈人間とは何か〉ということは決して自明なことがらではない。たとえば、一九三六年の『シェリング講義[9]』において、ハイデガーはシェリングの『人間的自由の本質』の解釈を試みているが、

（7） Cf. Markus Gabriel, *Sinn und Existenz. Eine realistische Ontologie*, Berlin: Suhrkamp, 2016, S. 180.「しかし事実の堅牢性は隔時的性質ではない。というのも、認識する存在者と同時的であっても、私たちの認識していない事実、また決して認識することもないだろう事実は、それこそ無数にあるからである。加うるに、私たちが今ちょうど認識しているにもかかわらず、すでに私たちの存在以前に成立した事実もある。要するに、有が思考によって汲み尽くされない、というのは、私たちの思考作用の理想化された概念を構想することによって原理的に除去しうるような、時間的事実ではそもそもないのである」。

（8） マルクス・ガブリエル「ヘーゲルは（もしそうであるならば）どんな種類の観念論者か？」（中村徳仁・山名諒訳）『夜航』第四号、二〇一九年、参照。

（9） 『ハイデッガー全集 第四二巻 シェリング『人間的自由の本質について』』（高山守・伊坂青司・山根雄一郎他訳）創文社、二〇一一年、第二八節「シェリングにおける擬人論の問題に寄せて」三〇七―三一〇頁、参照。

そこで彼が取り上げているトピックの一つに、いわゆる《anthropomorphism》（擬人観）の問題がある。つまり、『人間的自由の本質』においてシェリングは半ば確信犯的に神（絶対者）を――欲動や憧憬など――人間を連想させる言葉を用いて記述しているが、それをどのように理解するべきか、という問題である。ハイデガーは、神を擬人化していると言ってシェリングを非難する人は、そのとき擬《なぞら》えられている「人間」とは何なのか知っているのか、と問い返している。擬人化によって問題は解決したのではなく、かえって人間が問いとなったとハイデガーは言いたいわけである（もっとも残念なことにハイデガー自身もそれに対する答えを与えているわけではない）。

シェリングについて言えば、ガブリエルがその影響を受けているのはよく知られている。「世界は存在しない」という彼のテーゼは『人間的自由の本質』における「無底」の概念を継承し、それを現代哲学の文脈においてよみがえらせたものだ、ということも、ガブリエル自身が明言している通りである。しかしマールブルク時代のガダマーの証言にもあるように、シェリングの『人間的自由の本質』にヘーゲルの理性主義を超えてゆく何かを感じ取っていた、というハイデガーの直感が正しければ、ガブリエルの〈精神〉概念もいつまでもヘーゲルの客観的精神の周囲を彷徨している わけにはいくまい（実際、先のメイヤスー批判においても、すでにシェリングの『諸世界時代』が引き合いに出されていた）。「世界は存在しない」というテーゼは同時に、理性そのものの無底性（底が抜けていること）を意味するものでなければならない。このときはじめてメイヤスーに対してガブリエルは、シェリングをヘーゲルと同じ「主観主義的形而上学」に分類するのは単純な誤謬だ、と告発しうるのである。

三　西谷――非人格的な人格性

主体性・科学・世界

現在を代表する実在論者に等しく分類されながら、メイヤスーとガブリエルの議論は噛み合わず、すれ違っているとすら見なされることもある。しかしここまで示唆してきたように、視線を〈実在〉の背後に隠れている〈人間〉に転ずるならば、完全にではないとしても、二人の間には一つの主題をめぐって何らかの対話が成立しうるのではあるまいか。このような見通しのもとで、ここからはさらに歩を進め、メイヤスーとガブリエルの立場を二つながら俯瞰しつつ、その隠れた連関を明示しうるような別の観点として、〈非人格的な人格性〉（ないし〈人格的な非人格性〉）という西谷啓治の概念を導入したい。

主著『宗教とは何か』の第二章「宗教における人格性と非人格性」において西谷は、ある意味でメイヤスーの問題意識に寄り添いながら、彼の言う「主観主義的形而上学」を過去の遺物と見なさざるをえないのはなぜか、ということから話を説き起こしている。西谷によれば、古来人間は存在するものの間に生命的なつながりを見出してきた。私たちを含め、ありとあらゆるものは人格的に親しいもの、一種の霊魂を備えたもの、要するに生けるものとして見られ、いっさいの垣根を越えて、お互いに共感や反感を覚えながら生活を共にしてきたのである。キリスト教の場合も根本的には同様である。万物を創造し、統治する神と、その似姿としての人間とは互いに人格的な関係にあり、その間にあって〈世界〉は透明な媒質のようなものにとどまっていた。

しかし近代以降、自然科学の成立にともない、〈世界〉は異物と化し、その存在感を徐々に増してくる。つまり、神と人間をつなぐ生命の紐帯を断ち切りつつ、冷やかな死の領域として人間と神の間に差し挟まれ、〈世界〉が次第に前景に現われ、問題化してくるのである。興味深いのは、このような死せる〈世界〉の出現が人間の主体的〈自由〉の覚醒と連動している、という西谷の指摘である。神との人格的関係から解き放たれた人間は、何も背後にもたない絶対的〈自由〉の味を知り、そうした脱自的〈自由〉を拠り所としつつ、この世界をひたすら形成・破壊する。ここには神や世界をも踏みこえた無（何もないところ）に基づく——これが脱自性である——人間の〈自由〉、無情の機械と化した〈世界〉、〈神の死（無神論）〉という一種の——これは西谷の言葉ではないが——〈三位一体〉が成立している。

非人格的な人格性

周知のように、ニーチェやハイデガーと同様、西谷も現代をニヒリズムの時代として捉えている。ニヒリズムの時代とは、いま指摘した三つの〈無〉を必要とし、そこに立脚する以外に生きる道のない時代のことだが、そこには〈後戻り不能〉という自覚が刻印されていなければならない。当時台頭しつつあったサルトルの実存主義を、西谷はニーチェやハイデガーの後塵を拝するものと鰾膠もなく一蹴しているが、それは「実存主義はヒューマニズムである」というスローガンが示しているように、〈神の死〉以後の人間をなおも〈意識〉の立場――メイヤスーの言う「主観主義的形而上学」――に基づいて考えようとする一種の〈歴史認識の甘さ〉が見出されるからである。ならば、ガブリエルの〈新しい実存主義〉に対して、西谷なら、どのような評価を下すのだろうか（このとき「世界は存在しない」とはどのような意味になるのか）。興味は尽きないが、いずれにしてもヒューマニズムの彼岸にある〈新しい人間像〉を西谷自身は〈非人格的な人格性〉（ないし〈人格的な非人格性〉）という概念を用いて考えようとする。

このとき西谷が参照しているのは、伝統的キリスト教において通常は異端と見なされている中世後期のエックハルトの神概念（特にその神性概念）である。ただし忘れてはならないのは、ニヒリズムの問題そのものが近代の科学的世界像と分かちがたく結びついている、ということである。したがって西谷も、このエックハルトの神概念を問いに対する答えと見なしているわけではない。むしろ科学的世界像の問題を考えるために、自然科学が暴き出した死せる機械的世界の出現と人間の主体的自覚の深まりとの連動をふまえながら、まずは後者を徹底的に成立せしめるような神（人間）概念を迂回し、そこにさらに前者の問題を解決するための着手点を見出そうとしているのである。もう少し言えば、エックハルトの〈神性の無〉という概念が、人間の究極的自由を実現するものとして提示されているならば、同時にそれが自然科学的世界像について考えるヒントにもなりはしないかと問うているのである。

エックハルトによれば、この〈神性の無〉において神は、もはや神（人格としての神）とも呼べない内奥に達するとともに、そこに絶対的意味における（つまり神すらも頭上に頂かない）人間の主体的自由も成立すると見られている。しかし西谷の真の意図は、この〈神性の無〉における〈神の非人格性〉に〈人格としての神〉を超えた〈無差別・無関心〉を見た上で、そこに科学的知と科学技術の非情性を、つまり〈非人格的・非人間的無差別・無関心〉を根拠づける、ということにある。究極的立場から見れば、この無差別の真相は〈愛〉の無差別、ありとあらゆるものに平等に注がれる〈愛〉でなければならない。しかしそうした転回を遂げる前の段階にあって、愛の無差別へと通じる無差別（非人間的な無差別）を自然科学に認めうるのではないか、と西谷は考えるわけである。しかしその場合には、人格性そのものの底に非人格性が見出されるのだから、人間はいわば科学的世界（死の世界）をもはや自己のそとではなく、自己のうちに包むものとなろう（つまり、そのように自己という言葉の意味が根本的に変わってしまうだろう）。

二重写し

西谷は科学の問題を完全に論じ尽くしているわけではなく、考え方の方向性を示唆しているにすぎない。しかし非人格性をうちに含み、その上に成立する人間のあり方については、芭蕉の句を手がかりに「二重写し」という印象的な言葉を用いて、それを言い表わしている。

例えば、芭蕉も……「稲妻や顔のところが薄の穂」という句を作っている。それ故、これは単に薄原のことではない。……その野は例えば銀座通りのことである。もとより銀座も何時かはすすき原に化す時もあるであろう。……併し薄原にならなくてもよい。銀座は現在の美しい銀座のままで薄原と観ることが出来る。いわば写真の二重写しのようにして見ることが出来る。むしろ実は、そういう二重写しが、真実の写しである。……百年後の現在は今日すでに現在である。それ故に、元気に歩いている生者そのままを、死者として二重写しに見ることが出来る。……そういう二重写しが真の実在観であり、事実そのものがこの二重写しの見方を要求するのである。(10)

端的に言えば、「二重写し」とは生がそのまま死であるということだが、それこそが人間というもののリアルなあり様だと言うのである。この人格中心的な見方を脱した人間のあり方を西谷は仏教用語を借りて「仮空の「中」」とも呼んでいる。

さて私たちの関心はこのような西谷の人間観が、メイヤスーとガブリエルの双方の立場を俯瞰する視点を提供しうるのではないか、ということにあった。この見方のみがそうしたことをなしうると言うつもりはないが、私自身はこのような西谷の〈非人格的な人格性〉（あるいは〈人格的な非人格性〉）という人間理解は、メイヤスーとガブリエルの対話をたんなるすれ違いに終わらせないためにも、つねに手元に用意しておくべき考え方の一つだろうと思う。

(10) 西谷啓治「宗教における人格性と非人格性　宗教とは何か　二」『マルクス主義か宗教か　現代宗教講座　第二巻』創文社、一九五四年、二六〇—二六一頁。

四　大拙――人《にん》

西谷から大拙へ

『宗教とは何か』第二章は最初『現代宗教講座　第二巻』[11]に発表された。西谷を引き継ぐようにして同書のとりをつとめるのが大拙の「宗教は現代をどう救うか」である。この配列はたんなる偶然かもしれないが、この導きの糸を伝って私たちも西谷から大拙へと話を進めていこう。

この論考も――「宗教とは何か　二」という副題をもつ西谷のそれと同様に――現代における「宗教とは何か」という問題からはじまっている。しかし大拙の言葉ははるかに単刀直入である。

> 存在の根元における悩み……。ここに宗教がある。宗教は存在自らの悩みが個々の人々の心の中にうつるところから生れるのである。
> 「存在に何の悩みがあるべきか。ただ在るというだけで、それで善いではないか」と尋ねる人があるに極って居る。
> ところが存在に悩みがある、これが不思議なのである。……
> 宗教的悩みには底もなく辺際もないような感じがする。この特徴はどこから出るかと云うと、宗教の定義にふれて来る。

宗教の特殊性はその超分別なところに来る。……

……分れ分れの世界から離れて、分れる前に戻りたいと云う望み、或はあこがれがあるのである。(12)

さらに説明は続く。

宗教的悩みと云うものの根柢を深く掘り下げて見ると、この原始の「一」がはっきりとつかめないからである。……

宗教の返本性又は超分別性と云うものは、時間を超えて考えなくてはならぬのである。これを忘れると、返本の本を時間的に見て、千万年前か又は無量劫の昔に、本と名づくべきものがあ……るように考えて来る……。ところが宗教に云う本なるものは……遠い遠い昔の又昔に、どこかで忘れて置き放しになったものではないのだ。(13)

議論の骨格だけを取り出して見ると、最初に見たメイヤスーとガブリエルのやりとりそのもので

(11) 前註を参照。

(12) 鈴木大拙「宗教は現代をどう救うか」『現代宗教講座　第二巻』二八九―二九一頁。

(13) 同、二九一―二九三頁。

ある。理性の出現以前のところに絶対的なものを見るメイヤスーと、それを今ここに成立しているものとして捉え返すガブリエルの応酬が、大拙自身によって再演されている。賛成するしないは別にして〈現代の実在論〉と呼ばれるものを理解する際に重要なポイントが、ここには端的に提示されているように思われる。それを貫く太い軸は、実は広義の――つまり伝統的理解に必ずしも拘束されない――宗教的問題意識そのものなのではないか。

反動性

メイヤスーとガブリエルの対話を再構成しながら、いま一つ判然としなかったこと、つまり科学ないし物質に定位するメイヤスーと自由意志と精神《ガイスト》を強調するガブリエルの立場の関係――それをできるかぎり明確にするために、二つの立場を包括しうる視座を求め、私たちは西谷の〈非人格的な人格性〉（あるいは〈人格的な非人格性〉）にたどりついた。すでに述べたように、西谷がこのような人間観に至らざるをえなかったのは、現代のニヒリズム的状況をふまえると、従来の〈人間〉および〈人間論〉では不十分と考えざるをえなかったからである。このような西谷の思考の道筋に照らしてみると、ガブリエルの〈精神《ガイスト》〉は〈人格〉の延長線上に考えられた極めて〈人格〉よりの概念と見なすほかなさそうだが、この問題について大拙ならばどのように考えるのだろう。

先の論考において大拙は、一般に非難の意味をこめて指摘される宗教の反動的性格を是認している。大拙によれば、宗教はたしかに反動的である。しかし反動性のないところはなく、そもそもそれは取り除きえないというのみならず、宗教の反動性は通常の意味の反動性（ガブリエルを想起せよ）

にとどまらない徹底的な反動性である。宗教の反動性は「超分別性」でもあるような「返本性」という点に見てとられる。これをこれまでの議論に引きつけて言えば、メイヤスーの「祖先以前性」はガブリエルの言うように〈いまここに〉に見出されるべきだが、ただしその場合にこの運動は全体として、いっさいの人間的なもの、それどころか人間の根幹を形づくる「分別」を超えた地点にまで遡源しようとする、ラディカルな極限に貫かれていなければならないのである。こうした反動性から見れば、メイヤスーとガブリエルはともに〈実在論〉者として「返本性」を志向しつつも、いまだ十分に反動的でないということになりはしないだろうか。つまり、前者は祖先以前性を〈いまここ〉に見出すことができないという意味で、後者は人間性（分別）をひきずっているという意味で。

〈精神《ガイスト》〉から〈人《にん》〉へ

最晩年のエッセイの一つで[14]「機心」——これは荘子の言葉だが、現代風に言えば、科学技術と同化してしまい、それと離れがたくなった心のことだろう——について大拙が言わんとしているのはさしあたり「機心を離れる」ということである。しかし「機心」はたんに否定されているのではない。徹底的に「機心を離れる」ことを通して——今度は自分のためにではなく他人のために——また機心へと戻ってくるのである。このダイナミズムが「非文化の文化」という意味での——上田閑

（14） 鈴木大拙「機心ということ」『新編　東洋的な見方』岩波文庫、一九九七年、二一二―二一六頁。

照の言葉を借りれば「カウンター・カルチャー」[15]の根源としての――「東洋的なもの」だろう。問題は「返本性」の「本」がどれほど遠くにまで、そして自己の奥底にまで徹底して捉えられているかである。その程度に応じて「機心」を包みうるのである。

言い表わされていることがらそのものは、西谷の〈非人格的な人格性〉（あるいは〈人格的な非人格性〉）からさほどかけ離れているわけでもないのに、そのニュアンスは大いに異なっている。西谷の芭蕉論にただよう〈情意〉を抱きとめつつ、西谷の〈非人格的な人格性〉が具体的に動き出すところに、大拙のそれ――すなわち〈人《にん》〉――は成立している。〈非人格的な人格性〉がメイヤスーとガブリエルの立場を俯瞰するのに役立ったとすれば、〈人《にん》〉は、己はもはや〈精神《ガイスト》〉ではないと告げながら、「千万年前か又は無量劫の昔」から〈いまここ〉へと降下してくる。その面目は大拙がしばしば取り上げる妙好人、浅原才市の「一面の他力」という言葉によく表われているだろう[16]。

たりきにわ、じりきもなし、たりきもなし、
ただいちめんの、たりきなり、
なむあみだぶつ、なむあみだぶつ。

自力も他力も消え、「ただ一面の他力」の只中に「南無阿弥陀仏」そのものとなって才市の赤裸々な自己が躍動しているのである。

(15) 上田閑照「鈴木大拙における「東洋的な見方」」『新編　東洋的な見方』三二六頁、参照。
(16) 鈴木大拙「自力と他力」『新編　東洋的な見方』二四四—二四七頁。

第二章　日本哲学という意味の場

一　意味の場からの眺め

目的

前もって本章の意図を簡単に述べておこう。前半で私は、西田幾多郎とマルクス・ガブリエル、特に論文「場所」以後の西田と『なぜ世界は存在しないのか』におけるガブリエルの類似を指摘する。詳しく言えば、両者の基本的発想と哲学体系の構造について、相互の類似を指摘することが前半の内容になる。その上で後半では、このような類似が日本哲学にとってどのような意味をもちうるのか、ということについて私自身の考えを述べよう。

ただその際に私は少し変わったアプローチを採用したい。つまり、『なぜ世界は存在しないのか』でガブリエルが用いている「意味の場」という概念を導入するのである。「意味の場」というのは『なぜ世界は存在しないのか』において重要な役割を果たしているガブリエル独自の概念の一つである。

通常の単純な比較ではなく、「意味の場」という最新の、しかもガブリエル自身の発明になる概念を用いて当のガブリエルと西田との関係性を論ずるのは、一見すると非常に技巧的で不自然に感じられるかもしれない。しかし私は、主に二つの理由からあえてそのような方法を採用したい。

この「意味の場」という概念を用いることによって、日本哲学に対するガブリエルの思想の関連性を、両者の影響関係などの問題をさしあたり括弧に入れた上で、たんなる事実として示しうるように思われる。このことが「意味の場」という概念を導入する第一の理由である。さらにまた「意味の場」とは、その名前が示唆している通り、理解されるべきものであるということも考慮に入れたい。つまり、「意味の場」という概念を用いることによって私たちは、日本哲学とガブリエルとの間の関連性を、同時にその意味の理解が必要とされているようなことがらとしても提示しうると考えられるのである。

以上をまとめると、ガブリエルの思想が日本哲学という意味の場の内部に、その現われの意味の理解の要求をともなって現われうるのではないかということ、すなわちその可能性を指摘することが本章の目的である。

意味の場とは何か

しかし意味の場とは何なのか。『なぜ世界は存在しないのか』におけるガブリエルの説明に従って見ていくことにしよう。

ガブリエルによると「意味の場とは、何らかのもの、つまりもろもろの特定の対象が、何らかの特定の仕方で現象してくる領域[1]」である。たとえば、私の左手は、一つの手というものとしても、無数の素粒子の集積としても、一個の芸術作品としても、食べ物を口に運ぶ道具としても現象することがありうる。ガブリエルによると、この相違は〈それがどのような意味の場に現われているのか〉ということに基づいている。

> 意味の場の違いによって、グスタフ・フォン・アッシェンバッハは、ヴェネツィアにいたとも言えますし、いなかったとも言えます。それは小説について語るのか、それともヴェネツィアの歴史について語るのかによるわけです[2]。

こうして「意味の場の違いによって、同じものがひとつの手でもあれば原子の束でもあり、芸術作品でもあれば道具でもある[3]」ということになる。

このことは後で再び問題となるが、今は「意味の場」の特徴として、次の三つの点に注目しておきたい。

第一に、あるものが複数の意味の場に現われることは不合理ではない、ということである。

第二に、あるものの現われに優劣はない、つまり複数の現われ方をするからといって、ただちにそれが虚偽であるとか、また特定の現われのみが真であり、それ以外の現われは真ではない、と決めつける理由はない、ということである。

第三に、あるものがこのように複数の仕方で現われている場合に、この複数の現われの背後に一義的なあり方をしている〈ものそれ自体〉を想定する必要はない、ということである。
もっともこれらの特徴のうち、さしあたりここで私たちにとって重要なのは最初の二つである。

日本哲学という意味の場

まずはドイツ哲学やフランス哲学と同じ意味合いにおいて日本哲学についても語りうるとしてみよう。そこで「意味の場」についての上述の定義をふまえると、日本哲学の意味の場について考えることも、それほど困難ではないように思われる。というのも、日本哲学ということで明治以後の日本の哲学を指すということにするならば、日本哲学の意味の場とは、西田幾多郎、田邊元、九鬼周造、三木清、西谷啓治などの哲学的な言説がそのうちに現われてくるような場である、と言うことができるからである。

ところで西田にかぎってみても、彼は日本哲学の意味の場だけに現われているわけではない。というのも、西田はより広く、東洋思想や石川県の郷土史などの意味の場にも現われることができるからである。しかしこれと同じことがガブリエル自身についても言える。ガブリエルはドイツ哲学だけでなく、新しい実在論の運動、日本のマスメディアなどの意味の場にも現われることができる。

（1）ガブリエル『なぜ世界は存在しないのか』一〇二頁。
（2）同、一〇三頁。
（3）同、一〇二頁。

では、ガブリエルは同時に日本哲学の意味の場にも現われることができるだろうか。もちろん、その可能性は否定できないだろう。というのも、日本哲学の意味の場には、日本哲学が批判的に受容してきた西洋哲学の伝統の数々も含まれうるのだから。一例をあげるならば、西田の著作のなかには、カントの学説のたんなる記述以上のもの、つまり西田の思想の光のもとで見られたカント哲学も見出される。このような西田のカントとの取り組みを通してカントもまた日本哲学の意味の場に属していると言いうるならば、同様の試みを通してガブリエルが日本哲学の意味の場に現われたとしても、そこには何も不思議な点はないと言わざるをえないだろう。

現段階では、日本哲学の意味の場へのガブリエルの出現はたんなる可能性にとどまっている。そこで次に、それが現実性をもっているのかどうか、またどれほどの現実性をもっているのか、ということの検討に進もう。

二　西田とガブリエル

まずは西田の場所の思想を簡単に復習しておこう。

西田幾多郎「場所」

西田幾多郎の『善の研究』が日本人の手になる最初の哲学書、つまり古代ギリシアに起源をもつ西洋哲学の伝統にのっとりながらも、しかもたんなるその模倣にとどまらないオリジナルな哲学書であるということは、一般に認められていると言ってよいだろう。同書の成立に先立つ条件として、さまざまな前史があることは認めざるをえないとしても、ともかくそれ自体として見るならば、やはりこの著作が日本人の手になる最初の哲学書であると言ってよいだろう。

しかし西田と日本の哲学にとってどれほど重要なものであるとしても、この『善の研究』という書物は西田自身にとっては出発点に過ぎなかった。一般に、西田は第二の主著である『自覚に於ける直観と反省』において、『善の研究』の「純粋経験」の立場から「自覚」の立場へと進み、さらに『働くものから見るものへ』に収録されている論文「場所」において「場所」の立場に到ったと考えられている。

論文「場所」以後、西田は基本的には「場所」の立場に立脚して、みずからの哲学的考察を進めている。そのことは最後の公刊論文が「場所的論理と宗教的世界観」と題されていることからも、うかがい知ることができる。「場所」論文の発表前後に「西田哲学」という呼称が生まれたこともあり、西田の思想はその全体が「場所的哲学」と呼ばれることさえある。

では、その「場所」の立場というのはどのようなものだったのだろうか。

西田自身の言葉にまずは耳を傾けることにしよう。彼は次のように述べている。

しかし対象と対象とが互いに相関係し、一体系を成して、自己自身を維持するというには、かかる体系自身を維持するものが考えられねばならぬとともに、かかる体系をその中に成立せしめ、かかる体系がそれに於てあるというべきものが考えられねばならぬ。有るものは何かに於てなければならぬ、然らざれば有るということと無いということとの区別ができないのである。(4)

ここで「有るものは何かに於てなければならぬ」というのが要点になる。

何であれ、あると言いうるものは、何らかの場所においてあるというのでなければならない。後年の西田の用語を用いるならば、「於てある場所」と「於てあるもの」は不可分な関係にあるので、場所ということから切りはなされた存在というようなものはそもそも考えられないのである。たとえば、有機体のような高度なシステムは一見すると、自己完結したものに見えるかもしれない。しかしたとえそうであるとしても、そのシステム自体が存在するには、当のシステムを超えて当のシステムを包む何らかの場（環境）においてある、というのでなければならない。

さて「場所と場所とが無限に重なり合っているのである、限なく円が円に於てあるのである」(5)と言われるように、この場所と場所との関係は重層的である。ある場所は同じ階層の場所と相互に接することもあれば、そうでないこともありうるが、いずれにしてもより一般的な場所に包まれている。問題はこのような重層的な場所をいっそう広い、あるいは一般的な場所へとたどっていけば、最終的にどのようになるのか、ということである。

ところで、このような「於てあるもの」と「於てある場所」との包摂関係を西田は「判断」として——あるいはより一般的な言い方では知識として——捉えている。つまり、「判断」とは「於てあるもの」が主語となって「於てある場所」という述語に包摂される、ということである。このようにして主語と述語の包摂関係が場所の重層的構造に結びつけられて理解されるわけである。
場所のこのような重層的関係の全体——あらゆる「判断」ないし知識——が映し出されている場所が「すべて有るものが於てある場所」という意味で「意識」と呼ばれている。「意識の根柢には一般的なものがなければならぬ。一般的なるものが、すべて有るものが於てある場所となる時、意識となるのである[6]」と言われている。

この「意識」については二つの点に注意が必要である。

第一に、ここで言われているのは意識しつつある意識であり、意識された、つまり対象化された意識ではない。もしそれが意識された意識であるならば、それは何らかの「有の場所」に現われざるをえない。これに対して「意識」は対象(有るもの)ではないという意味で「無の場所」とも呼ばれている。

第二に、このような意味での意識は、西田も言うように超越論的なもの、「カントのいわゆる意識一般」に類するものと言える。しかしそれが統覚的にではなく、場所的に考えられている点がカントと大きく異なっている。西田は次のように述べている。

(4) 上田閑照編『場所・私と汝 他六篇——西田幾多郎哲学論集I』岩波文庫、一九八七年、六七頁。
(5) 同、一二六頁。
(6) 同、九三頁。

すべての経験的知識には「私に意識せられる」ということが伴わねばならぬ……が、我とは主語的統一ではなくして、述語的統一でなければならぬ、一つの点ではなくして円でなければならぬ、物ではなく場所でなければならぬ。(7)

しかしさらに先がある。「包摂的関係においての一般的方向、判断においての述語的方面を何処までも押し進めて行けば、私のいわゆる真の無の場所というものに到達せなければならない(8)」と西田は言う。ここからひるがえって言うと、意識は有るものとの関係を完全には離れていないがゆえに「対立的無の場所」とか相対無の場所などと呼ばれている。それゆえ、ここで問題となっているのは「対立的無の場所、即ち単に映す鏡から、真の無の場所、即ち自ら照らす鏡に到ること(9)」である。この真の無の場所は「場所がこれに於て有するものを絶対的に越えている(10)」という意味で絶対無の場所とも呼ばれている。

それだけではない。「しかし一方からいえば、真に無の立場においては……すべて有るものはそのままに有るものでなければならぬ(11)」と言われているように、相対無の場所から絶対無の場所に移行することによって、意識との関係においてあったものがいわばそれ自身へと返却される。このようにあるものがそのままにある場所は、西田の思索が深まるにつれて、次第に「世界」として主題化されるようになる。

このようにして有の場所、相対無の場所、絶対無の場所というように三つのレベルに分節されながら――厳密には「世界」とはこれらの連関の全体である――全体としてはすべてが「於てあるもの」と「於てある場所」との関係において考えられているということが、場所的哲学としての西田哲学の最大の特徴と言えるだろう。

マルクス・ガブリエル『なぜ世界は存在しないのか』

では次にガブリエルに目を転ずることにしよう。『なぜ世界は存在しないのか』は二つの基本思想から成っている。すでに述べたように、その一つが「意味の場」という思想であった。

ところで「意味の場」は、「存在」とは何かという問いに対する答えとして見出されるものである。ガブリエルは「存在するものは、すべて何らかの意味の場のなかに現象」するがゆえに、「「存在する」とは、何らかの意味の場に現象するということにほかならない」と言う。[12]

注目したいのは、「存在するということには、つねに何らかの場所（Ort）の規定が含まれている」[13]

(7) 同、一四一頁。
(8) 同、一三八頁。
(9) 同、一二一頁。
(10) 同、一〇六頁。
(11) 同、一〇八頁。
(12) ガブリエル『なぜ世界は存在しないのか』一〇五、一〇三頁。
(13) 同、一〇九頁。

と言われていることである。

かくして問題は、そういうものが存在するのかどうかだけではけっしてありません。そういうものがどこに存在するのかということも、そのさいつねに問われているのです。存在するものは、すべて――わたしたちの想像のなかにしか存在しないのだとしても――どこかに存在するからです。[14]

さらにガブリエルはこのような意味の場の重層性について指摘することも忘れてはいない。「いかなる意味の場も、それだけで孤立して存在することはできない以上、そのつど別の意味の場のなかに存在するほかありません」[15]。こうして私たちは「無限な入れ子構造をなす無限に大きな複眼」[16]という表象へと導かれるのである。

しかしこのような「無限な入れ子構造をなす無限に大きな複眼」はどこに存在するのだろうか。この問いに対してガブリエルは「世界」をもって答える。つまりガブリエルによれば、世界とは「あらゆる意味の場の意味の場」にほかならないのである。

世界とは、すべての意味の場の意味の場、それ以外のいっさいの意味の場がそのなかに現象してくる意味の場である。[17]

言いかえると、これは「世界こそ、いっさいの物ごとが起こる領域にほかならない[18]」ということである。しかし、このようにあらゆるものごとがそのなかで起こる世界自身はどこに存在しているのであろうか。ガブリエルによれば、「どこ」ということと「ある」ということは切り離せないのだから、この問いは「世界は存在しているのか」という問いと等しいものとなる。

そこで「世界が存在しているとすれば、その世界はどのような意味の場に現象するのだろうか」と問うことができる。しかしそのような意味の場はありえない。ガブリエルはこれを次のような興味深い例によって説明している。

視野を例にして考えてみましょう。視野という領域のなかでは、けっして当の視野それ自体は見えません。そこで見えるのは、眼に見える対象だけです。――隣席の女の人、カフェ、月、日没など。せいぜいできそうなことは、視野を絵に描いて表現しようとすることくらいでしょう。ここで、たとえば眼前に拡がる視野を寸分違わず絵に描く才能が、わたしにあるとしましょう。このときわたしは、わたし自身の視野を描いた絵を、じっくり見ることができるで

(14) 同、二五頁。
(15) 同、一二六頁。
(16) 同。
(17) 同、一〇九頁。
(18) 同。

しょう。けれどもこの絵は、もちろんわたしの視野そのものではなく、わたしの視野のなかにある何かにすぎません。これと同じことが、世界にも当てはまります。わたしたちが世界を捉えたと思ったとしても、そのときわたしたちが眼前に見ているのは、世界のコピーないしイメージにすぎません。わたしたちには、世界それ自体を捉えることはできません。世界それ自体が属する意味の場など存在しないからです[19]。

「世界は、世界のなかに現われてはこない[20]」。ここからガブリエルは〈世界は存在しない〉という結論を導き出す。

世界は存在しません。もし世界が存在するならば、その世界は何らかの意味の場に現象しなければなりませんが、そんなことは不可能だからです[21]。

『なぜ世界は存在しないのか』の基本思想は「意味の場の存在論」と「世界は存在しない」という二つであり、このことは同書の冒頭で明言されている[22]。しかし第三の基本思想とでも言うべきものとして、「精神」に関する思想が見出される。

ガブリエルは「精神」という人間のあり方をキルケゴールにならって「自己にたいする関係[23]」と捉える。しかしこの自己の自己に対する関係——そのようなものとしてこれは自己意識でもある——は、一種の弁証法的な発展をとげる。精神とはいったん自己を喪失し、その上であらためて自己を回復しようとする運動であり、「最大限の距たりから自身へと回帰したいという欲求[24]」にほかならないのである。

ガブリエルはこの自己自身との最大限の距たりの経験を、無限なもの（無限の可能性）との出会いという意味で一種の宗教的経験と解している。

もともと宗教とは、遠く隔たったものにたいして人間がもっている最も根底的な感覚・感性、すなわち遠隔感覚である[25]。

しかし感覚といってもそれは「わたしたちの身体のなかにあるのではありません。むしろ身体のそとに、まさにネズミや果樹のように「そこに」ある。つまり「現実のなかに」あるいは「実在性のなかに」ある[26]」と言われているように、この「最大限の距たりから自身へと回帰」するという自

(19) 同、一一一頁。
(20) 同、一一〇頁。
(21) 同、一一四頁。
(22) 同、八頁、参照。
(23) 同、二三三頁。
(24) 同、二三〇頁。
(25) 同、二二三頁。
(26) 同、二九〇頁。

己探求の運動は、世界そのものを場としておこなわれる、いわば世界規模の運動である。ガブリエルはこれを「尽きることのない意味に取り組み続けること」[27]というようにも表現している。

ガブリエルと西田

たしかにニュアンスの違いはある。しかし「ある」ということと「どこに」ということとを一つに考える、つまり、存在するということを場所的に考えるという基本的な点の類似が目をひく。言葉づかいも似ているように感じられる。

また西田では必ずしも用語化されているわけではないが、内容的には西田の場所は意味の場、つまり意味連関の場[28]であると言うことができ、この点も両者に共通しているように思われる。

さらに場所の重層性を考えつつ、それらが究極的には無の場所にあると捉える点も似ている。その際、この無の場所が「世界」と呼ばれていることは、ただちに思想の内容の同一を意味するものではないにしても、関心の所在の同一を意味するように思われる。つまり、双方で等しく「世界」が主題となっているということは否定できないように思われる。

西田において「意識」と呼ばれているものと、ガブリエルにおいて「精神」と呼ばれているものの内実は、それ自体としては完全には一致しないかもしれないが、その体系上の位置の相似はあきらかなように思われる。つまり、ガブリエルの「精神」は、それが無数の意味の場そのものと完全に等置されるようなものではなく、むしろ無数の意味の場をくぐりぬけて自己へと回帰するものであるという点において、あらゆる有の場所を包摂する西田の「相対無の場所」と類比的な位置を占めるように思われる。

もっとも西田の場合にはこれら三つのレベルの相互関係が論理的に明確であるのに対して、ガブリエルの場合にはそうではないために、両者に完全な対応関係があるのかどうかはよくわからない。それ以外にも、「自然科学的世界像」に対するガブリエルの批判、つまり、宇宙は一つの意味の場（厳密には物理学の対象領域）でしかなく、世界そのものと同一視すべきでないという批判は、西田の「我々が普通に唯一の世界と考えているいわゆる自然界は唯一つの世界であって、必ずしも唯一の世界ではない[29]」という言葉を連想させる。同様に、主観的なものの実在性についてのガブリエルの主張も、西田の「この世界（想像の世界）においては夢の如き空想も一々事実である[30]」という言葉を想起させる。

このようなことは枚挙に暇がないが、さきほど引用した「視野を絵に描く」という例も、その目的——ガブリエルの場合は世界の非存在を示すために用いられている——こそ違うけれども、西田が自覚（自己意識）の無限性を示すために用いている「英国に居て完全なる英国の地図を写す」という例と酷似している[31]のが気になる。

（27）同、二九三頁。
（28）場所を意味連関の場、意味空間と解することについては、上田閑照『実存と虚存——二重世界内存在』ちくま学芸文庫、二七—二八頁を参照されたい。
（29）『西田幾多郎哲学論集Ⅰ』一六頁。
（30）同、一五頁。

三　ガブリエルと日本哲学

ガブリエルの位置

最初、日本哲学という意味の場へのガブリエルの出現は、ありえないわけではないという程度のことで、その意味でたんなる可能性にとどまっていた。今も基本的にはそれと変わりないと言ってもよいのかもしれないが、しかし仮にもしガブリエルが日本哲学の意味の場に出現するとしたら、その位置はだいたい特定できそうに思われる。つまり、ガブリエルが日本哲学の意味の場に現われるとしたら、その現われ方は、基本的にはフィヒテやベルクソンの現われ方に似ているかもしれないとしても、ガブリエルの出現するその位置は、これらの思想家よりも西田にいっそう近いだろうと推測される。

この点を押さえた上で次に進もう。つまり、西田とのいわば空間的な位置関係に対してもう一つ、時間的な位置関係にも注目してみよう。この日本哲学という意味の場のなかにガブリエルは、時間的には最も年齢の若いものとして、つまりハイデガーやデリダ以後の――ガブリエルの言葉を用いるならば、ポストモダン以後の――哲学者として現われているように見える。このことはいったい何を意味しているのだろうか。

西洋哲学と東洋思想の出会い

従来、西田哲学と場所の概念とが本質的に結びついている（場所的哲学）と理解されてきたことに、最初に注目しなければならない。さらに、この思想は西田哲学の中心概念とされてきたというだけではなく、日本哲学の全体にとっても中心的思想の一つと見なされる場合すらあったように思われる[32]。

その際、特に問題となるのは、〈場所的〉と称される西田の思想が東洋的なもの、東アジア的なものに結びつけられて理解されてきた、ということである。もちろん西田の思想はストレートに伝統的な東洋思想との連続性の上に成り立っていると考えられてきたわけではない。むしろそれは、東洋の思想が西洋の哲学との出会いのなかでみずからを換骨奪胎することによって生み出されたものとしても理解されてきた。要するに、西田哲学は、西洋哲学との出会いのなかでそれとの交差の上に成立した、それ自身が哲学でもあるような東洋思想の新しい段階と考えられてきたわけである。西田の試みがこのように解されるとき、その背景には次のような期待があったと考えられる。それは、西田の思索が西洋と東洋という二つの思惟の伝統がいつか出会うための場を用意しうる、という期待である。ただしこのような二つの思惟の伝統の出会いは一方向的なものと見なされていたわけではない。というのも、その一方で西洋哲学の次のような動向にも注意が払われていたからで

（31）『西田幾多郎全集』（旧版）第二巻、岩波書店、一九六五年、一六頁。
（32）たとえば、大橋良介『悲の現象論　序説——日本哲学の六テーゼより』創文社、一九九八年、参照。

ある。その動向というのは、西洋の形而上学の自己批判ないし自己超克とも言えるような動向である。ニーチェにはじまり、ハイデガーによって具体的に遂行され、さらにデリダなどに受けつがれることになる西洋思想そのものの前提に対する批判とその克服の試みは、西田の試みと、つまり非西洋的思惟が西洋的思惟の伝統へと食い入ろうとする動向と、いつかどこかで交差しあうのではないかと期待されていたのである。

期待という言葉で表現されるこのような時間的な位置関係をふまえると、日本哲学という意味の場へのガブリエルの出現は、ガブリエルと西田の思想的類似という事実とも相俟って、まさに待望された時が到来しつつある、その予兆であるかのようにも見えてくる。

新しい橋

とはいえ、結論を急ぐべきではないだろう。もう一度ここで要点をまとめておこう。

私が指摘したかったのは、日本哲学の意味の場にガブリエルが出現しうるということ、そして出現するときどのような仕方で現われてくる可能性があるのかということであった。もちろんその現われ方は私が今述べたような仕方に尽きるわけではない。私はその可能性の一つを指摘したにすぎない。

そのとき私は、第一に、ガブリエルを西洋形而上学の批判者としてニーチェ、ハイデガー、デリダらの系譜に属すると見なし、同時に第二に、西洋と東洋という二つの思惟の伝統の出会いというコンテキストにおいて眺め、さらに第三に、西田との類似をその出会いの現実化の可能性を秘めたものとして受け止めたのだった。

ところで、ガブリエルの思想が日本哲学という意味の場の内部に、しかもその現われの意味の理解の要求をともなって現われうるという、その可能性を指摘することが本章の目的であると冒頭に述べた。その際、私の念頭にあったのは、『なぜ世界は存在しないのか』の出版に際して日本の読者に向けて語られたガブリエルのメッセージであり、特にその最後の一節だった。

それは「今こそ、ハイデガーとデリダの後で、ヨーロッパの思考と日本の思考のあいだに再び新しい橋を架けるときなのです」という言葉で締めくくられていた。このメッセージを目にしたとき一種の衝撃とともに感じたことを、もう少し論理的に整理してみようということが、本章の執筆動機となった。

しかしもちろんこのような試みは「新しい橋」そのものではない。この橋を新たに日本の側から架けることは、その「新しさ」の所在に関する問いに答えることも含め、私たちの今後の課題となるだろう。

第二部

人間ならざるものと思弁的実在論

第一章　グラントのシェリング主義について

一　シェリングと思弁的転回

　ここで主題として取り上げるのは、一般に《思弁的転回》と呼ばれている――おそらく二一世紀最初の本格的かつ大規模と言ってよいであろう――思想動向である。《思弁的転回》とは《思弁的》として特徴づけられる一種の《実在論》への《転回》の謂であり、ロンドンのゴールドスミス・カレッジで二〇〇七年四月に開催されたワークショップを起源とし、レイ・ブラシエ、イアン・ハミルトン・グラント、グレアム・ハーマン、カンタン・メイヤスーという四人の提題者がこの運動の創始者と目されている。

　筆者の関心をひいているのは、この四人の創始者のうち、グラントが『シェリング以後の自然哲学』の著者であって、一種の《シェリング主義者》としてこの動向の起源の一角を担っている、ということである。やや極端に聞こえるかもしれないが、この意味においては《思弁的転回》という思想動向そのものが最初から――少なくとも部分的には――シェリング哲学との関わり合いのうちにあった、と言えるかもしれない。このような理解のもと、本章において私たちは《思弁的転回》の四人の創始者のうち、特にグラントに焦点を絞り、彼の哲学的立場のなかでいったいいかなる仕方で《思弁的転回》とシェリング哲学とが内的に結合しているのか、ということを可能なかぎりあきらかにしようと思う。

このような特殊な視角から《思弁的転回》にアプローチする理由は、偏に一つの問題意識、すなわち《シェリング哲学のアクチュアリティ》への強い関心にある。この関心に基づいて言いあらためるなら、〈シェリング哲学が二一世紀の初頭においてどのような意味をもちうるのか〉という問題を、ここで私たちは《思弁的転回》という最近の思想動向に注目しつつ、グラントの思想的立場に即して考察しようとしている、と言えるだろう。

本章の構成は以下のようになる。まずは、綱領的アンソロジー『思弁的転回——大陸の唯物論および実在論』(二〇一一年)の主に第一論文「思弁的哲学へ」[1]に依拠しながら、《思弁的転回》の基本理念が確認される。ついで、グラントの『シェリング以後の自然哲学』(二〇〇六年)の第一章「なぜシェリングなのか、なぜ自然哲学なのか」[2]に基づいて、彼のシェリング主義の骨子が叙述される。しかし本章の目的は、《思弁的転回》とシェリング哲学とがグラントの哲学的立場において内的に結合している、そのあり様に光をあてることにある。この目的を私たちは、彼のシェリング主義のうちに《思弁的転回》の理念を再確認する、という仕方で果たしたい。

二　思弁的転回とは何か

思弁的実在論から思弁的転回へ

思弁的実在論という名称は二〇〇七年、ロンドンのゴールドスミス・カレッジにておこなわれた、私たちの最初の催しのために新たに造られた。ゆるやかにしか連関していない四人の著者を唯一の軛の下につなぎとめるには、妥協の精神が必要である。思弁的実在論という名称はこのような妥協の精神から生まれた幸運な偶然の所産であった(3)。

思想的出自をまったく異にし、相互に矛盾対立している主張を繰り広げる(4)四人の哲学者を「唯一の軛の下につなぎとめ」ようとする努力は、図らずも《思弁的実在論》という新しい呼称へと結実

(1)　Levi Bryant, Nick Srnicek and Graham Harman, "Towards a Speculative Philosophy," in: Levi Bryant, Nick Srnicek and Graham Harman (eds.), *The Speculative Turn: Continental Materialism and Realism*, Melbourne: re.press, pp. 1-18.
(2)　イアン・ハミルトン・グラント『シェリング以後の自然哲学』(浅沼光樹訳) 人文書院、二〇二三年、二三一七二頁。
(3)　Graham Harman, "On the Undermining of Objects: Grant, Bruno, and Radical Philosophy," in: *The Speculative Turn*, p. 21.
(4)　Cf. Ibid., pp. 21-22.

する。なるほど、この哲学者たちを——その多様性をいっさい漂白することなく——一つのまとまりとして捉えるのは不可能である。こうした試みは「妥協の精神」なしに成功するはずもない。しかし妥協の産物とはいえ、一つの名称が見出されるやいなや、《思弁的実在論》と呼ばれる何ものかの存在が意識され、私たちにとってはじめて明確に存在するようになる。その意味では、この呼称は「幸運な偶然の所産」にほかならず、このワークショップは記念すべき《思弁的実在論》の生誕の地であった。

ところが二回目のワークショップ（二〇〇九年）の報告書を兼ねた綱領的アンソロジーが企画された際、表題に選ばれたのは《思弁的実在論》ではなかった。この論集は《思弁的転回》と題され、《実在論》は——新たに付加された《唯物論》の語とともに——副題の位置へと退く。

二一世紀に入ってから、以前よりも混沌としているが、ある意味ではずっと将来有望な状況が形づくられつつある。興味をそそる多様な哲学的動向と、世界中のあちこちに作られたその拠点が支持者を獲得し、この動向を象徴する著作の臨界量を生み出しはじめた。この動向を完全に網羅しうる唯一の適切な名称を見出すのは難事だが、今ではもう退屈となった「言語論的転回」と対比して、熟慮の上で私たちは「思弁的転回」という名称を提案する。副題にある「唯物論」と「実在論」の語はこの新動向の本質をいっそう判明にしてくれるが、同時に物質的なものと実在的なものとの区別の可能性も維持されている。(5)

しかしこれによって《思弁的実在論》と呼ばれていたものの本質が変化したわけではない。最初のワークショップと四人の登壇者の重要性にも変わりはない。《思弁的実在論》と呼ばれていたものの実質をより的確に表現するために、以前偶然に見出された名称が、熟慮の上に選ばれた呼称に場を譲ったのである。

いまや今世紀初頭の多様な哲学的動向を包括しうるまでに視野は拡大され、これら全体を網羅する名称があらためて問題となっている。その結果として実在論（ないし唯物論）という側面は相対的に背景に退き、新たに《転回》としての側面が前景に押し出されている。もちろん、最初の催しの際にも〈伝統に対する反抗〉という性格がまったく意識されていなかったわけではない。[6] しかしそれに的確な言語表現が与えられ、より強調されることによって《思弁的実在論》が固定した教説や立場を意味するものではない、ということがいっそう明瞭になっている。《思弁的実在論》とは多様な哲学的動向の束である。この哲学的動向の束はある程度まで方向性を共有しながらも、多様性をさらに増幅させるという仕方で、自己の輪郭そのものを変化させながら、今なお成長しつつあるのである。

しかし《転回》と呼ばれる以上、《思弁的転回》は〈何ものか〉から〈何ものか〉への転回でな

（5） Bryant, Srnicek and Harman, "Towards a Speculative Philosophy," pp. 1-2.

（6） Cf. Ray Brassier, Iain Hamilton Grant, Graham Harman and Quentin Meillassoux, "Speculative Realism," in: *Collapse* 3, Falmouth: Urbanomic, 2007, pp. 307-308.

ければならないであろう。

相関主義

《思弁的転回》は何から
の転回なのか。《言語論的転回》が念頭に置かれているのは推察に難くない。しかし《思弁的実在論》に先行する他者は――メイヤスーにならって――《相関主義》と呼ばれている。では《相関主義》とは何なのか。

私たちが「相関」という語で呼ぶ観念に従えば、私たちは思考と存在の相関にのみアクセスできるのであり、一方の項のみへのアクセスはできない。したがって今後、そのように理解された相関の乗り越え不可能な性格を認めるという思考のあらゆる傾向を、相関主義と呼ぶことにしよう。(7)

メイヤスーの《相関主義》の定義はこのように至極簡単である。だが、その射程は思いのほか広い。

現存するいっさいのものは心ないし精神の変種であるとする伝統的観念論の立場を軽蔑している間にも、大陸哲学はメイヤスーが「相関主義」と呼ぶ形態の、同様に反実在論的な態度に陥った。……この立場は暗々裡にこう考えている。私たちは私たちの思想を存在に向けることができる、あるいは、世界＝内＝存在として現存しうる、あるいは、現象するかぎりでの世界を経験できる。しかし思想ないし言語から独立の領域については矛盾を犯さずには語りえないのだ、と。無数の変種があるけれども、一貫してこの教説は、思想から独立している実在に関する知識などというものは受け入れがたいと主張する。[8]

人間は……中心にとどまり、実在は……人間の思惟の相関項としてのみ現われる。この点において現象学、構造主義、ポスト構造主義、脱構築、ポストモダンは、例外なく大陸哲学における反実在論的傾向の完璧なる見本である。[9]

《相関主義》の定義は《言語論的転回》以後の哲学のほとんどすべてを包括する。現代哲学の現代性であったはずのものが、《相関主義》という概念によって一網打尽にされ、克服の対象として捉えられる。これだけでも驚嘆に値するが、この相関主義（言語論的転回）の起源はさらにカントの批判哲学（批判論的転回）に求められる。

（7）メイヤスー『有限性の後で』一五―一六頁。
（8）Bryant, Srnicek and Harman, "Towards a Speculative Philosophy," pp. 3-4.
（9）Ibid., p. 3.

この相関主義的転回の起源はイマニュエル・カントの批判哲学である。周知のように、この哲学は人間が到達しえない叡智的領域をいつか知るという可能性を誓って捨て去った。カントの有名なコペルニクス転回では、もはや心が対象に合致するのではなく、むしろ対象が心に合致する。経験は、あらゆる知識の必然的で普遍的な基盤であるアプリオリなカテゴリーと直観の形式とによって構成される。しかしこの基盤を確保するために支払われる対価は、ものが私たちに対して現象するあり方を超えているようなあらゆる知識の放棄である。実在そのものへの通路は、少なくともその認識の面からは、遮断される[10]。

これによって《相関主義》は言語論的転回のみならず、カントの批判論的転回までも包括する極めて広大な射程を有するものとなる。言語論的転回は批判論的転回の延長線上に位置する、その第二形態と見なされ、カント以後の哲学史は、この相関主義的態度へと陥り、次第に深くそのうちへと絡みとられてゆく一連の過程として捉えられる。このような歴史理解に基づく哲学史は「このカントの禁止が、その反実在論的含意ともども、ヘーゲルからハイデガーを経てデリダへと至るほとんどすべての主要人物を捕縛しながら、大陸的伝統のうちをうねって進んできている[11]」様子を子細に描き出すであろう。

反相関主義的動向としての思弁的転回

このように《思弁的転回》とは相関主義的態度からの脱却である。それゆえ、《思弁的転回》は思惟や言語の相関項にとどまらない実在、要するに《実在そのもの》を志向するものでなければならない。

私たちが「思弁的転回」と呼ぶものに関する諸著作のなかには何か新しいものの兆しが感知されうる。大陸哲学がくりかえしテキスト、言説、社会的実践および人間の有限性に焦点をあてきたのに対して、これらの新種の思想家は再び実在そのものに向かいつつある。……彼らの全員が、そのやり方こそ違っているものの、思考から、より一般的には人間から切り離された実在の本性について再び思弁しはじめたのである。(12)

こうして《思弁的転回》は《実在そのもの》を捉える能力を、その意味でたんなる反省や批判ではない《思弁》の能力を人間理性に認める。しかしこれは一種の退行に見えなくもない。

(10) Ibid., p. 4.
(11) Ibid.
(12) Ibid., p. 3.

「思弁」というこの活動は何人かの読者の間では懸念材料となるかもしれない。というのも、それは批判以前の哲学への、そしてその純粋理性の力能に対する独断的信頼への回帰を暗示するかもしれないからである。[13]

しかし《思弁的転回》は独断論的哲学へのたんなる復帰ではない。というのも、この《回帰》は相関主義的態度に「生得的に備わっている制限の認識[14]」に基づくからである。相関主義の限界は、それが現実の新しい問題へ対処する能力を欠いているという点、および、みずからの生産力の限界に達し、いまや私たちの哲学的要求の内的拘束具としてのみ機能しているという点にあきらかである。

これらの哲学による重要な寄与を嘲笑するつもりはないが、これらの哲学的動向にはあきらかに欠損がある。私たちを脅かす大規模な環境災害や次第に増大する日常世界（私たち自身の身体を含む）へのテクノロジーの侵入に直面すると、反実在論的立場がこれらの発展に対処しうる装備を具えているかは不明である。危険なのは、大陸哲学の主流をなす反実在論的系統がたんに収穫逓減点に達しただけでなく、それが今ではもう私たちの時代の哲学の可能性を積極的に制限している、ということである。[15]

このような二重の閉塞状況を打破するために、《思弁的転回》はあえて《思弁》を復活させ、その未知の可能性に賭けようとするのである。

この意味において思弁は批判論的転回および言語的転回を「超えている」何ものかを目指している。このようなものとして思弁は、「思弁」という言葉が批判哲学の以前にもっていた〈絶対的なもの〉への関わりという意味を回復する……。本書に集録されている諸論考は〈実在そのもの〉への新たなる注目から得られるかもしれない見返りを目がけての〈思弁による賭〉なのである。[16]

より広いタイムスパンにおいて把握し直されることによって、初回のワークショップの四人の登壇者のみならず、彼らの先駆者と後継者もまた私たちの視界に入ってくる。いま年長の世代に着目するならば、四人のオリジナル・メンバーの思想的傾向にゆるやかに呼応するように、四人の先行者（ドゥルーズ、ジジェク、バディウ、ラトゥール）が見出される。そのうちのただ二人にかぎってごく簡単に言及しよう。

（13） Ibid.
（14） Ibid.
（15） Ibid.
（16） Ibid.

「哲学をテキストや意識の構造の分析に還元することに反対して、厳密に存在論的な諸問題に対する関心が近年、波が押し寄せるように高まってきた」[17]が、「この分野の開拓者」[18]と目されるのがドゥルーズである。「概念体系がもつ消極的制限の周囲を回るのを止めて、ドゥルーズとガタリは伝統的存在論の残骸を用いて一つの存在論的展望」[19]を、「主観と思考がこれらの原初的な存在論的運動が最後に生み出した残余物にすぎない」[20]ような「生成の非＝主観的領域についての存在論的展望」[21]を構築した。

ただし彼らが相関主義を完全にまぬがれているか否かは議論の余地がある。これに対してバディウは「数学を存在についての言説……と見なすことで」[22]、「これ以上ないほど明白に現象学に対する反旗をかかげ、それによって現代大陸哲学における存在論による賭けを鮮明にしようとした」[23]。さらにまた、長らく「嘲りの言葉」[24]でしかなかった「真理の問題を堂々と復活させた」[25]点でも、新時代の到来をバディウは高らかに告げている。

三　グラントのシェリング主義——『シェリング以後の自然哲学』

《相関主義と思弁的実在論》という図式以前

《思弁的転回》とは《相関主義》に対する反対運動であり、一種の《実在論》への転回を意味していた。この動向のオリジナル・メンバーの一人として、グラントもまた反相関主義という大きな枠組を共有している。しかしすでに述べたように、この枠組は後から見出されたものであり、グラント自身はあらかじめこの枠組に基づいて彼の議論を組み立てていたわけではない。

したがって私たちはグラント固有の思想の文脈に立ち戻り、『シェリング以後の自然哲学』に見られる彼の思想的立場を再構成しながら、いわば生まれつつある《思弁的実在論》の一つをこの著作のなかに見出すことにしよう。

カント

グラントが起点とするのもまたカントの批判哲学である。——カントは「形而上学から「それ自体においてあるもの」を切除し、そのようなものの役割を「数学のx」へと還元し、形而上学を認識論に、哲学体系の構築を概念的・論理的分析にまるごと置きかえ[26]」ようとした。この「コペルニ

(17) Ibid., p. 4.
(18) Ibid.
(19) Ibid., pp. 4-5.
(20) Ibid., p. 4.
(21) Ibid.
(22) Ibid., p. 5.
(23) Ibid.
(24) Ibid.
(25) Ibid.

クス的転回」によって「哲学は体系的な形而上学を――たんに批判するだけでなく――構築しようと試みることができずにいる」[27]。――これらは《批判論的転回》の一般的特徴を述べたものと言えるであろう。しかしグラントはもっぱら自然の問題に照準を定める。

この問題意識からすると、《批判論的転回》の眼目は〈自然が精神によって規定されるものとしてたんに類比的にのみ、つまりもっぱら精神との関係においてのみ捉えられる〉という点、「自然は知性によって、知性に対して直接に規定されている」[28]という点にある。このとき自然は「精神に現われるかぎりでの自然」[29]にとどまり、断じて「自然そのもの」[30]ではない。

これと同じことを自然の側から言い表わすと、《批判論的転回》においては「世界〔自然〕そのものを吟味するための立脚点」は「世界〔自然〕の内部にではなく、その外部に置」[31]かれている。この「自然そのもの」と知性との相互外在的な分断のゆえに、カントの批判哲学は《二世界論的形而上学（two-worlds metaphysics）》の典型とされる。この種の《二世界論的形而上学》においては「自然哲学が認識論的・分析的な限界のなかに閉じ込められたまま」[32]である。

グラントによれば、このカントの思考の枠組はその後の私たちの自然の見方を決定的に支配している。この意味で批判論的転回以後の時代は《ポスト・カント主義》の時代と呼ばれる。

> 哲学の現状は重要な意味でポスト・カント主義的である……。このときポスト・カント主義という言葉には、たんに〈カントに続いて起こる〉という歴史的意味だけではなく、〈カントが哲学のために作成した座標によって哲学の現状が規定されている〉という哲学的意味もある。[33]

《ポスト・カント主義》の時代においてはカントの自然理解は二重の形態をとって広く普及している。

第一に、それは《ロゴス中心主義》という形態をとる。「自然は〈存在するものをそのうちに在らしめている基体〉であるのに、そのような自然に〔いまや〕語られるかぎりでの言葉が取って代わる」[34]。あるいは、自然は「有限な意識に対して現われる〈もの〉」[35]となる。こうして「自然は知性によって、知性に対して直接に規定されている」[36]という思想は「自然がロゴスや言語によって、あるいは現象として規定されている」[37]という思想へと先鋭化される。この意味においてカントの自然理解は今もなお「ほとんどの現象学的哲学とすべての倫理的・政治的哲学を、さらに「自然」を

(26) グラント『シェリング以後の自然哲学』二八頁。
(27) 同。
(28) 同、五七頁。
(29) 同、二六頁。
(30) 同。
(31) 同、四四頁。
(32) 同、二八頁。
(33) 同、四二頁。
(34) 同、三六—三七頁。
(35) 同、三七頁。
(36) 同、五七頁。
(37) 同、六七頁。

もっぱら言語のうちで、言語に対して規定されていると見なす言語論的な観念論を支える岩盤となって、それらに活気を与え[38]」ているのである。

しかし第二に、それは《生命中心主義（有機体の哲学）》という形態もとりうる。

> 〈カント以後〉の哲学はくりかえし有機体や生命現象の問題に取り組んできたが、それはほかならぬ自然哲学の急襲を阻止するためであった。……このような取り組みが熱心におこなわれるのは、倫理的＝政治的あるいは実存的な問題を哲学の真の活動分野として中心に据えることによって、哲学が「反自然学」の傾向をあらわにしても、生命は、そのためのもっともらしい言い訳を与えてくれるからなのである。……それゆえ、自然を包括する形而上学を構成するかのように見えながら、じっさいには別の形而上学へ陥る危険が有機体の哲学にはある。この形而上学は、カントの言う自然と自由のあいだの「いかんともしがたい深い〈裂け目〉」にもとづいており、ちょうどこの〈裂け目〉に沿って〈カント以後〉の自然哲学者の全員が整列しているのである。……一種の形而上学的な不均衡が以後の自然哲学を呪縛しつづけている。つまり、生物学を一種の哲学的な学問として保持しながら、地質学や化学は哲学の管轄外へと追いやる、という不均衡である[39]。

《生命中心主義（有機体の哲学）》は仮面を被った《ロゴス中心主義》である。それゆえ一見、懸隔は著しいように見えながら、実際には「「生命中心主義」から「ロゴス中心主義」へと到る距離はわずか一歩でしかない」[40]。それればかりか「二世界論的形而上学の基礎は二世界論的自然学（two-worlds physics）にある」[41]。カントの『判断力批判』における「〈外的自然という生命のない無機物の世界〉と〈有機体の世界〉」[42]の曖昧な分断から、どのようにして「フィヒテが彼の二世界論的形而上学を導きだし、これによって自然に対する哲学の返還要求がすべて公式に放棄されてしまう」[43]のかを、シェリング自身の分析を手がかりとしながら、グラントは丁寧に解説している。

このようにして「自然の概念だけでなく、その存在までも亡きものにしている」[44]ことが「カントとポスト・カント主義者たちに共通の欠陥である」[45]。この《自然の存在の消去》という事態を、グラントは——自然哲学者カールスにならって——「無自然（aphysia）」[46]と呼ぶ。グラントによれば、しばしば喧伝される《形而上学の終焉》も畢竟、形而上学的体系の構築能力の欠乏を意味するものでしかない。しかもこの無能の直接の原因は「現代哲学の「無自然」[47]」にあり、この「無自然」は

(38) 同、五八頁。
(39) 同、四五—四六頁。
(40) 同、四五頁。
(41) 同、五六—五七頁。
(42) 同、五七頁。
(43) 同、四四—四五頁。
(44) 同、一六頁。
(45) 同。
(46) 同、一九頁。

カントのコペルニクス的転回に淵源する。このような診断に基づいて、グラントは「〈カント以後〉の哲学にとって、すなわち自己の問題の鋳型をカントに求めるすべての哲学にとって、自然哲学は一つの問題になる[48]」と言う。

シェリング

しかしグラントの言う《ポスト・カント主義》の時代はカントの批判哲学とその二つの進化形態（ロゴス中心主義と生命中心主義）による単純な一元支配の時代ではない。というのも、この時代にはカントのコペルニクス的転回に対する反対運動もまた見出されるからである。この対抗運動の起源はシェリングの自然哲学[49]に見出される。それは「コペルニクス的転回を転覆すること[50]」、カントの「批判哲学による革命の体系的な無効化[51]」にほかならない。

シェリング哲学の本質と困難は、それがカントのコペルニクス的転回の帰結に厳密に逆らって、哲学の役割を定義しなければならない、ということにある。「哲学によって……人間はたんなる表象を超えた地点にまで運ばれなければならない[52]」。

それゆえシェリングの自然哲学はカントの批判哲学と正反対の特徴を有している。第一にそれは《ロゴス中心主義》ではない。

したがって自然哲学はカントの束縛から自由になる。それは『判断力批判』が自然と知性のあいだに定めた、たんなる類比的関係を超えた立場から、自然の問題に取り組むのである。より現代風に言いあらためると、〈自然がロゴスや言語によって、あるいは現象として規定されている〉ということを論駁するのが自然哲学の仕事なのである。(53)

第二にそれは《生命中心主義(有機体の哲学)》でもありえない。

なぜならば、有機的自然と「無機的」自然を分断する境界線は自然学的根拠がなく、哲学に

(47) 同、一六頁。
(48) 同、三六頁。
(49) 「シェリング哲学は始めから終わりまで自然哲学である」(同、三五頁)と言われるように、グラントはシェリングの自然哲学をその思想的発展の一時期に限局するのではなく、むしろその全体を貫く「深部静脈」(同、二八頁)と見なし、いわばシェリング哲学を徹頭徹尾、自然哲学であるような哲学として理解しようとしている(「自然哲学であるかぎりのシェリング哲学」(同、二六頁))。この点にもグラントのシェリング解釈が有する研究史上の独自性の一端は垣間見られるが、この彼の見地については――シェリングを哲学史における孤立した現象としてではなく、無数の後継者を有するものと見なすという際立ってユニークな観点とともに――ここでは立ち入って論ずることができなかった。
(50) 同、三七頁。
(51) 同、三五頁。
(52) 同、二八頁。
(53) 同、六七―六八頁。

とっても有害であるので、取り除かれるべきだという主張が、『世界霊』（一七九八年）以来、その必須の構成要素だったからである。両者の境界線を取り除くとシェリングが言うわけは、それによって有機的組織化を、機械論的自然秩序の例外にではなく、むしろ自然そのものの原理にするためである。……この〈裂け目〉の撤廃によって生じるのは、超越論的ないし観念論的な有機体主義がいわゆる生命をもたない物質にまではるばる下っていって適用される、ということだけではない。……この〈裂け目〉の撤廃は〔それとは逆向きに〕「実在的なものから」出発して「観念的なものへ」と至る、どこにも切れ目の見出されないような物理主義をもたらすのである。言いかえると、これによって自然の階梯の「下方へ向けて」有機体主義が投影されているというよりも、むしろ有機的組織化とは「物質の自己構成」そのものの力能あるいはポテンツなのである。[54]

シェリングの自然哲学は、自然を表象や言語のうちへと封じこめようとするカントの諸制約を――生命（有機体）の領域をもはるかに超える地点へ向かって――一挙に撤廃（無制約化）し、自然そのものへと至ろうとする。「「シェリング主義」という言葉は〔広く〕自然の形而上学を無制約化する哲学的企図〔一般〕を意味しているのである[55]」。ここで「主張されているのは自然の自律であるが、この自然は精神に現われるかぎりでの自然ではなく、自然そのものなのである[56]」。――このような本質的傾向を有するがゆえに、《ポスト・カント主義》の哲学が《二世界論的自然学に基づく二世界論的形而上学》であるとするならば、その裏返しとも言うべきシェリング哲学は《一世界論的自然学に基づく一世界論的形而上学[57]》と呼ばれなければならないであろう。

ところでシェリング自身の自然哲学は――哲学史の常識に反して――伝統の終極に現われる「衰退[58]」などではなく、むしろ始原に位置する「発端[59]」である。すなわち、グラントの言う《ポスト・カント主義》の時代にあっては、カントの《コペルニクス的転回》が一連の後継者を従えているように、シェリングの自然哲学もまた後継者を有している。それどころか「カントに鼓舞された形而上学批判、その主観的・認識論的な超越論主義および、それによる〈形而上学からの自然学の分離〉、このようなものを超える地点へと哲学が到達するたびごとに、シェリング主義はたえず復活する[60]」のである。少し注意して反省してみれば、このことはシェリング以後、現代に至るまで「膨大な著作がこの表題〔自然哲学〕のもとに出版されつづけているのを見ればあきらかである[61]」。

このように《自然》という未解決の難問を軸として、二つの勢力が拮抗・対立することによって

(54) 同、四六―四八頁。
(55) 同、三五頁。
(56) 同、二六頁。
(57) これと同じ意味でシェリングの自然哲学は「何ものも消去しない観念論(non-eliminative Idealism)」(同、一六頁)とも呼ばれている。
(58) 同、三五頁。
(59) 同。
(60) 同、三四頁。
(61) 同、一七頁。

成立しているのが《ポスト・カント主義》の時代である。この時代においては、その端緒をなす対立は今なお直下に、すなわち現在にはたらいていると言える。あるいはグラントの言葉では、「ポスト・カント主義が一九世紀の初頭にそうであったのとまったく同様に現代哲学の地平を規定している[62]」のである。そうであるがゆえに「シェリングの自然哲学は……現代のポスト・カント主義的な形而上学にとっても決定的に重要な問題でありつづけて[63]」おり、その意味で「シェリングは私たちと同時代の哲学者なのである[64]」。

　しかし全体としてはカント的パラダイムが圧倒的に優勢であるため、この反対運動――《ポスト・カント主義》の二重の軌道――はそれとしては認識されていない。言うまでもなく、「〈カント以後〉の哲学内部の軌道がそのようなものとして認知されていないのは……カントの批判哲学による革命が成功したからにほかならない[65]」。しかしながら、これは要するに、《ポスト・カント主義》の時代にとって《自然の存在の消去》が「哲学の中心問題[66]」であることが了解されず、そのなかでシェリングが占めている特別な位置も十分に理解されていない、ということにほかならない。

> そのなかでシェリングの自然哲学はこれまでほとんど試みられたことのない稀有な事例である。というのも、その開始以来、二〇〇年間、自然を〔知性との〕類比的把握へと閉じ込めてきたカントの思考の枠組みから脱却しようとすると、どのような諸帰結がもたらされるのかということが、それによって示されているからである[67]。

このような無理解が行き渡っているがゆえにシェリングと自然哲学の現代性――それらが現代哲学の根本問題であること――を唱えるのは一種の「挑発」[68]の意味をもたざるをえない。シェリングは《ポスト・カント主義》の時代にあって「無自然」を告発する者となる。

しかしだからといって、シェリングの自然哲学に光があてられるとき、それはたんに古物収集癖のある知性の対象として他の体系や工芸品に埋もれて歴史の一挿話のように座しているのではない。むしろシェリングはこれらの体系に〈お前たちが消去しているものを人前に暴露せよ〉と挑発しているのである[69]。

プラトン

ニーチェ以来、《二世界論的形而上学》の起源がプラトンに求められ、プラトニズムの顛倒が試

---

(62) 同、四二頁。
(63) 同、三四―三五頁。
(64) 同、六八頁。
(65) 同、三五頁。
(66) 同、一七頁。
(67) 同、六六―六七頁。
(68) 同、一七頁。
(69) 同、七二頁。

みられている。しかし、このプラトニズムの顚倒というスローガンには《ポスト・カント主義》の軌道に関する無理解が如実に表われている。すでに見たように、グラントによれば、現代における《二世界論的形而上学》の直接の起源はカントの《二世界論的自然学》にあり、シェリングの《一世界論的自然学に基づく一世界論的形而上学》はその顚倒にほかならない。しかもこのとき、シェリングはプラトンの『ティマイオス』を範として仰いでいる。[70] このような理解をふまえると、いわゆるプラトニズムの顚倒の試みは、実際にはそれが顚倒すると称するもの（＝二世界論的形而上学）をみずから生み出そうとするまったく見当はずれの所業でしかない。[71]

そのかぎりでは〈プラトニズムの顚倒を止めてその代りにカント主義と決別せよ〉というバディウの主張はもっともらしく聞こえる。[72] しかしこの主張は《ポスト・カント主義》の軌道を熟知した上でのものではない。それはバディウが、プラトニズムを形式主義的に解し、『ティマイオス』を軽視する点にも表われている。字面は同じでも、バディウの要求はグラントの真意からは懸け離れている。〈プラトニズムの顚倒を止めてカント主義と決別せよ〉というのは、グラントの意味では〈シェリングとプラトンに従って二世界論的自然学を一世界論的自然学へ、二世界論的形而上学を一世界論的形而上学へと乗り越えよ〉ということでなければならないのである。

《ポスト・カント主義》の軌道に関するバディウの無理解は、彼のドゥルーズ批判にも表われている。たしかにドゥルーズにはプラトニズムの顚倒の主張ばかりか、顕著なカント主義（超越論的哲学）的傾向も見出される。しかし双方の思想的立場の区別のために「数か動物か（＝プラトンかアリストテレスか）[73]」という二者択一をかかげて、ドゥルーズを後者に組みする者、有機体の哲学を説くアリストテレス主義者と断じるとき、バディウはドゥルーズ哲学の重要な一面を捉え損ねている。というのも、有機体の哲学に対する態度という点に関して、ドゥルーズとシェリングの間には一種の平行関係が見出されるからである。たとえば、「実践的なものの優位も、有機的自然との類比にもとづいて自己を正当化するのをやめて、道徳の地質学に現在の地位を譲渡しなければならない」[74]という意味で、シェリングの『人間的自由の本質』は「最初の「道徳の地質学」」[75]と見なしうるのである。一方はカント、他方はプラトンから出発しながら、ドゥルーズとシェリングは《一世界論的自然学に基づく一世界論的形而上学》という相似形を描いている。「〔むしろドゥルーズの〕カント的な〈地の哲学〉が〔シェリングの〕プラトン的な〈地の哲学〉に対置させられている」[76]のである。このようなシェリング＝ドゥルーズ理解を基盤として「シェリングの自然哲学はたんに現代の問題にとどまらず、前世紀における最も首尾一貫した形而上学者〔ドゥルーズ〕の未完のプロジェクトでもある」[77]とまで言われている。

(70) 同、四五頁、参照。
(71) 同、一五一一六頁、参照。
(72) 同、四二頁、参照。
(73) 同、四二頁。
(74) 同、三七頁。
(75) 同、三二頁。
(76) 同、四二頁。

しかしながら、ドゥルーズ哲学に関するこの洞察がグラントのものであって——バディウのものではないのはもちろん——ドゥルーズ自身のものでもない、ということには十分に注意を払う必要がある。一方でバディウの背後へと回り、彼のドゥルーズ理解の問題点を照射すること、他方で双方の立場の相違を正確に見極めつつ、バディウの批判からドゥルーズを擁護すること、これらを可能にしているのは、グラント独自の立脚点、彼の歴史認識そのものなのである。この認識のゆえに、グラントは思想史的にドゥルーズの後に位置するように思われる。すでに見たように、グラントはこの歴史理解を《ポスト・カント主義》という語に集約させている。この《ポスト・カント主義》の軌道の熟知に基づいてグラントは、シェリング哲学をその文脈に位置づけ、そのように位置づけられたシェリング哲学を自身の哲学的立場として引き受けながら、同時にドゥルーズのうちにみずからのシェリング主義の対話者を見出している。グラントがバディウではなく、ある意味でドゥルーズをその魁とする《思弁的実在論》の創始者になるのは、このような仕方によってなのである。

　ところで冒頭でふれたように、本章の目的は、《思弁的転回》とシェリング哲学の内的連関をこの動向の創始者の一人であるグラントの思想的立場に即してあきらかにする、ということにあった。この目的は不充分ながら、ひとまず果たされたと言ってよいであろう。すなわちグラントは、彼によって現代哲学の文脈のうちへと置き直されたシェリング哲学そのものを自己の思想的立場としている。このように再解釈されたシェリング哲学——すなわち《グラントのシェリング主義》——は《思弁的転回》が遂行されるほかならぬその場所となる。《グラントのシェリング主義》はこのようにして《思弁的実在論》の一つとして現代哲学の最前線にその姿を現わすのである。

四　グラントからガブリエルへ

この動向の端緒にかぎって言えば、《思弁的転回》とシェリング哲学の内的連関をあきらかにする、ということと、グラントに即して、ということは、事実上同じことを意味していた。というのは、両者の連関の問題を考えようとすると、グラントを手がかりとする以外に選択肢はなかったからである。しかしマルクス・ガブリエルの登場によって状況は大きく変わった。

ガブリエルは二〇〇五年にシェリングの後期哲学に関する研究で博士号を取得し、件のワークショップが開催された二〇〇七年当時は、古代の懐疑主義に関する教授資格論文を準備中であった。しかし二〇一〇年代に入ると、ガブリエルは独自の実在論を提唱し、広い意味で大陸哲学における《実在論的転回》の一翼を担うようになる。〈広い意味で〉というのは、ガブリエルは一方で《新しい実在論》を唱えつつも、他方で《思弁的実在論》の諸派に顕著に認められる反人間主義的・自然主義的傾向には断固として反対の立場をとっているからである。しかもこの批判の拠り所をガブリエルはシェリング哲学に見出している。[78] つまり、グラントがそうであったように、ガブリエルも

(77) 同、一七頁。
(78) ガブリエルのシェリング解釈については、本書の第三部・第五章を参照されたい。

――ただしグラントとは異なる意味で――一種のシェリング主義者としてこの動向に関与しているのである。

　その結果、《思弁的転回》とシェリング哲学の内的連関をガブリエルの思想的立場に即してあきらかにする、ということが、次なる課題として浮上してくる。しかし今暫らく私たちはグラントと思弁的実在論をめぐる考察を続けることにしよう。

第二章　ドイツ観念論と思弁的実在論——メイヤスーとグラント

一　シェリング再評価の文脈

　今世紀に入って最初の大規模な思想動向は実在論への転回であると言われている。この動向は互いに異質な思想的ルーツをもつ複数の諸派から成り、その意味で単一のものというよりも、むしろ複数の思想動向のゆるやかな束と言ったほうがよい。しかしそのようななかにあってムーブメント全体のいわば象徴的存在であるとともに、その実質的中心の一つとも見なされているのが思弁的実在論と呼ばれる一派である。

　二〇〇七年にロンドン大学のゴールドスミス・カレッジで開催されたワークショップが思弁的実在論の生誕の地であり、そこで登壇した四人——レイ・ブラシエ、イアン・ハミルトン・グラント、カンタン・メイヤスー、グレアム・ハーマン——がオリジナル・メンバーとされている。思弁的実在論はポスト構造主義以後の新思潮として大いに注目を集め、二〇一〇年前後を中心に主にインターネット上で激しい議論の的となった。今誕生から十数年が過ぎ、一時の熱狂は収まったかのように見えるが、その間に彼らの基本理念は広く一般に浸透し、現代思想を語る上で欠くことのできない参照点となりつつある。

ここで私が注目したいのは、思弁的実在論のオリジナル・メンバーに一人のシェリング研究者が含まれていることである。しかも『シェリング以後の自然哲学』においてその人、すなわちイアン・ハミルトン・グラントは、彼によって再解釈されたシェリングの自然哲学をほとんどそのままの形で自己の思想的立場としている。ある人の言葉を借りるならば、シェリングは「思弁的実在論者という呼称が発明される以前の思弁的実在論者[1]」と見なされているのである。

それでは、このような最新の思想動向とシェリングとはいったいどのような仕方で互いに結びついているのであろうか。より一般的に言えば、どのようにして思弁的実在論の基本的な問題意識がドイツ観念論の、あるいは特にシェリングの再評価につながるのであろうか。

本章は、前章に引き続き、思弁的実在論という最新の思想動向の一つを取り上げ、それがどのような意味においてシェリングの再評価の文脈を用意するのかを、今度はメイヤスーの『有限性の後で』とグラントの『シェリング以後の自然哲学』との関係性に留意しながら、いま一度あきらかにしてみたい。

二　バイザー——ドイツ観念論の実在論的解釈

とはいうものの、そもそも観念論と呼ばれるものが実在論の文脈において再評価されるということそれ自体を奇妙に思う人がいるかもしれない。そのような疑念を晴らすために最初にフレデリック・バイザーの『ドイツ観念論——主観主義に対する闘い　一七八一—一八〇一年』[2]を取り上げよう。彼の見解を参照することによってドイツ観念論を実在論的に解釈することが必ずしも不自然ではないということを確認しておきたい。

同書においてバイザーが問題にするのは「観念論の意味そのもの[3]」である。彼によると、従来ドイツ観念論は「主観主義の大げさな形態[4]」と見なされてきた。そのような理解に従えば、カントからヘーゲルへと至るドイツ哲学の発展は「超越論的自我が拡大していくこと、肥大していくこと、ないし暴騰していくことについての物語[5]」にほかならない。つまり、経験の形式の源泉にすぎず素

(1) Peter Gratton, *Speculative Realism: Problems and Prospects*, London, New York, Sydney and New Delhi: Bloomsbury, 2014, p. 112.
(2) Frederick F. Beiser, *German Idealism: The Struggle against Subjectivism, 1781-1801*, Cambridge, MA: Harvard University Press, 2002.
(3) Ibid., p. viii.
(4) Ibid.
(5) Ibid., p. 2.

材の源泉とはなりえなかったカントの超越論的主観は、シェリングやヘーゲルにおいて最終的に世界ないし宇宙規模にまで拡大されて、あらゆる存在の源泉である絶対的主観に変貌するというわけである。

しかしバイザーによれば、こうした理解はカントの批判哲学がスコットランド啓蒙主義の「観念の道」[6]に対する疑義から出発しているという事実に十分な注意を払っていない。むしろカントに最初から伏在していた脱主観主義化の傾向が次第にあらわになっていく点にこそ、ドイツ観念論の展開の本質は存するのである。バイザーは次のように述べている。

> 観念論のある形態が別の形態に続いて生じる。それは先行の形態が実在論のために余りにも脆弱な基盤しか与えないとわかったからである。ライプニッツとバークリの経験的観念論をカントは拒絶した。それは、彼らの観念論において客観の空間的存在がたんなる幻想と化したからである。カントの超越論的観念論はフィヒテを失望させた。それは、カントが自身の経験的実在論に十分な基礎づけを与えなかったからである。ヘルダーリン、シュレーゲル、ノヴァーリス、そしてシェリングはフィヒテの倫理的観念論と袂をわかった。それは、フィヒテの観念論が自我をなお意識の圏域《サークル》内に閉じこめていたからである。[7]

こうしてバイザーは「主観主義が次第に勝利を収め、意識の圏域《サークル》が徐々に拡大すること」[8]にではなく、「主観主義に対する反動が次第に強まること、意識の圏域《サークル》から脱出しようとする努力が徐々に激しくなること」[9]に、つまりは「カントの遺産の漸次的な脱主観主義化」[10]にドイツ観念論の展開の推進力を見てとる。積極的に言いあらためるなら、その発展の本質は「実在論と自然主義の程度が増大していくこと」[11]にある。そのかぎりにおいて「満足のゆく形の実在論を確立しようとすることが、事実ドイツ観念論の発展の背後にある動機だった」[12]と言っても過言ではないのである。

とはいえドイツ観念論のこのような根本動向が最も鮮明かつ純粋に現われるのは、第一のタイプの観念論（カント、フィヒテ）から第二のタイプの観念論（シェリング、ヘーゲル）への移行点においてである。たしかにカントも――別の意味においてではあるがフィヒテも――「経験の形式を与えることに悟性の役割を制限する」[13]一方で、「経験の素材となる何らかの独立の実在を要請し」[14]てはいた。しかしその程度の実在論（いわゆる批判的ないし形式的観念論）では、ヘルダーリン、ノヴァーリス、シュレーゲル、シェリング、ヘーゲルなど「絶対的観念論者」[15]は満足できない。ゆえに彼らは

（6）Ibid., p. 3.
（7）Ibid.
（8）Ibid., p. 2.
（9）Ibid.
（10）Ibid., p. 6.
（11）Ibid., p. 3.
（12）Ibid.
（13）Ibid.
（14）Ibid.

「高次の実在論[16]」を提唱する。「それは絶対的なもの、すなわち自然という無限の実在を要請する[17]」のである。

自然を超越論的主観の所産にする代りに、それと正反対のことを絶対的観念論者たちはおこなった。つまり超越論的主観を自然の内部においてそれが占めている場所へといったん戻し、そこからこの主観そのものを導出するのである[18]。

このようにして「カント・フィヒテ的な主観の合理性はいまや自然の諸力の最も高次の顕現ないし実現でしかなくな[19]」る。

ところでバイザーによると、ドイツ観念論のこのような脱主観主義化の努力、「エゴセントリズムという苦境から脱出しようとする試み[20]」は、シェリングの同一哲学において絶頂を迎える。だからこそ彼は――この書物の副題が示しているように――そこでドイツ観念論の進展の叙述を打ち切ってしまう。というのも、この観点からすればヘーゲルはシェリングを一歩も超え出ていないからである。「その過度の自然主義[21]」のゆえにシェリングを批判するにもかかわらず、ヘーゲルにとっても精神の領域は今述べたような意味での「絶対的なものの顕現の一つ[22]」にとどまるのである。

いずれにしても、このように前批判期のカントからシェリングの同一哲学へと至るドイツ哲学の展開をバイザーは全体として「主観主義に対する闘い」として叙述しようとする。その際彼は、ドイツ観念論の現代的意義――特に認識論の根本問題に関する緻密で洗練された議論――について言及するのを忘れていない[23]。それにもかかわらずバイザーは歴史的題材を扱うにあたり、時代錯誤に陥るのを避けるために「現代の哲学的関心や概念[24]」は括弧に入れると断っている。

実際、かつて絶対的なものが哲学界を支配していた時代は戻らないのである[25]。

要するに、バイザーの真意は次のようなものであろう。つまり、哲学史家としてドイツ観念論の発展の根本動向を脱主観主義化に見てとりながら、しかし結局のところ自然という絶対的なものを志向するがゆえに、この運動は――その一部を切りとってみれば現代の認識論にとって今もなお有益な洞察を含むとしても――全体としては過去のものとなった、と判定されているのである。

---

(15) Ibid.
(16) Ibid.
(17) Ibid., pp. 3-4.
(18) Ibid., p. 4.
(19) Ibid.
(20) Ibid., p. viii.
(21) Ibid., p. 9.
(22) Ibid., p. 10.
(23) Ibid., p. viii.
(24) Ibid., p. ix.
(25) Ibid., p. vii.

けれども果たして本当にそうなのであろうか。

三　メイヤスー——相関主義と絶対的なもの

メイヤスーの出世作『有限性の後で』は最初のワークショップの前年（二〇〇六年）に刊行されている。雑誌『コラプス』にその記録が掲載され、さらに『有限性の後で』の英訳が刊行されるに及んで、彼はデリダ亡き後の大陸哲学のホープと見なされるようになる。

このようにメイヤスーが注目を集めたのは、極めて奥行きのある先行世代（ポスト構造主義）に対する批判、いわゆる相関主義批判に基づく所が大きい。それでは相関主義とはどのようなものであったか。念のためもう一度確認しておこう。

> 私たちが「相関」という語で呼ぶ観念に従えば、私たちは思考と存在の相関にのみアクセスできるのであり、一方の項のみへのアクセスはできない。したがって今後、そのように理解された相関の乗り越え不可能な性格を認めるという思考のあらゆる傾向を、相関主義と呼ぶことにしよう。[26]

相関主義の起源はカントの批判哲学にある。というのも「独断的であることを望まず、「批判哲学以後の」哲学者でありたいと望む哲学者ならば、何かを思考しているのはつねに私たちであるということをまったく考慮に入れずに、私たちが何かを思考できたと信じることは、……素朴であると主張するだろう[27]」からである。こうしてカントの批判哲学は哲学史上の転換点となる。実際「カントまでの哲学の主要な問題のひとつは実体を思考することであったのだが、カント以降はむしろ相関を考えることが問題となった[28]」のである。

もちろん、ここで言う相関は何もカントの場合のような主客の相関性に尽きるわけではない。事実、表象の哲学（主客の相関性）をより根源的な相関性の名のもとに批判することも可能である。このような事例は二〇世紀の哲学の二つの主要な流れ、つまり現象学（ノエマ－ノエシスの相関性）と分析哲学（言語－指示対象の相関性）とに見出される。しかしメイヤスーの強調するように、より根源的であるとはいえ、結局これらも別の、もう一つの相関主義でしかない。

なるほど、この相関主義（強い相関主義）においても外的世界について語られはする。けれども、それは「私たちがそれを思考しようとなかろうとそれ自体として存在しているような[29]」絶対的な外部ではない。カントの現象界と同様、それは私たちの相関項という性格、私たちを永久に閉じこめ

(26) メイヤスー『有限性の後で』一五―一六頁。
(27) 同、一四頁。
(28) 同、一七頁。
(29) 同。

ている「閉域的な外部[30]」という性格を失ってはいないのである。

しかし絶対的な外部が今ここでなぜ問題となるのか。言いかえると、なにゆえに相関主義は乗り越えられねばならないのか。メイヤスーは二つの理由をあげている。

第一に「祖先以前性」の問題がある。「今日、経験科学は、意識や生命の到来に先立つ出来事に関する言明を発することができる[31]」。けれども相関主義の立場に立つかぎり、このような「世界へのあらゆる形での人間的関係に先立つ[32]」出来事に関する言明は、文字通りの意味では認められない。そのような出来事を説明しようとすると、相関主義者は「過去のものとして与えられている現在のもの[33]」として説明せざるをえないからである。ところがこれによってその言明は無意味なもの、つまり「その言明を打ち立てるために苦労している科学者にとって……なんの興味もないもの[34]」になってしまう。

このような帰結を避けようとすれば、哲学は再び何らかの意味で絶対的なものを手中に収めなければならない。「もし絶対的なものをまったく思考できないならば、私は祖先以前のものに意味を与えられない[35]」からである。その意味において「祖先以前のものを思考することは、いわば、絶対的なものの思考と改めて関係を結ぶことを強いる[36]」のである。こうして祖先以前性の問題は「二世紀にもわたり近現代哲学が不可能として教えてきたもの」、すなわち「即自を捉えること、私たちがいようがいまいが存在するものを知ること」「を私たちの手に入れさせようとしている[37]」。

では、メイヤスーはどのようにして絶対的なものへと至ろうとするのか。さしあたり二つの点に注意が必要である。一つは、批判哲学以前の絶対的なもの（形而上学的絶対者）への退行は許されない、ということである。もう一つは、弱い相関主義と強い相関主義との相違が看過されてはならない、ということである。カントの場合、ものそれ自体は認識不可能ではあるにしても思考不可能とまではされていなかった。これに対して二〇世紀の相関主義の場合、絶対的なものは認識することはおろか思考することもできないとされている。典型的なのはハイデガーとウィトゲンシュタインである。彼らにおいては思考の限界が思考されはするものの、この限界は「その片側しか把握できない境界面のようなもの[38]」となっている。このような「基礎づけの不在[39]」を——みずからの背後をもたないがゆえに、演繹の対象となりえず、たんに記述されるだけであるという意味で——メイヤスーは「事実性」と呼ぶ。

厳密には、事実性とは「私は、思考不可能なものは思考できない[40]」けれども、「思考不可能なも

(30) 同、一九頁。
(31) 同、二三頁。
(32) 同、二四頁。
(33) 同、三三頁。
(34) 同、三四頁。
(35) 同、五四頁。
(36) 同、五三頁。
(37) 同、五一頁。
(38) 同、七四頁。
(39) 同、七三頁。

のが存在することは不可能ではない、とは思考できる[41]」ということである。しかしこれによって図らずも、強い相関主義は「何であれ一般的に信仰こそ絶対者にアクセスできる唯一の道だ、という権利要求を正当化[42]」してしまう。これは二〇世紀の哲学の進歩によってもたらされた信仰に対する哲学の事実上の敗北にほかならない。いまや「狂信に対して弾劾されるのは、決してその内容の虚偽性ではなく、それを実践した結果（倫理－政治的な）[43]」という有様である。しかしこうなったのも「絶対者に関わる非合理的なものを批判する権利を思考が手放してしまった[44]」からなのである。こうして哲学は「任意の神学および無神学のリベラルな婢[45]」へと転落する。けれども、このように「思考の脱－絶対化によって信仰主義の議論が生じる[46]」ならば、これは強い相関主義が克服されねばならない第二の理由となりえよう。すなわち、たんに「祖先以前的言明の正当化の問題[47]」だけではなく、「さまざまな狂信の増大する暴力[48]」と戦うためにも、「思考のうちにささやかなる絶対的なものを再発見することが重要[49]」となるのである。

　では、どうすればこの強い相関主義から脱却しうるのだろう。「強いモデルに対抗するためには、カントの超越論哲学に対する形而上学の第一の反撃を範例にしなければならない[50]」とメイヤスーは言う。つまり、フィヒテの知識学の反省の立場を乗り越えて絶対的なものの認識へと進もうとした時、シェリングやヘーゲルがとったのと同じ戦略を用いて、「相関主義があらゆる絶対論的思考を失効させるために用いている原理それ自体を、絶対化しなければならない[51]」のである。シェリングやヘーゲルが採択したのは相関性それ自身を「新しいタイプの絶対者のモデルに[52]」し、主客関係そのものを絶対者として把握するという戦略であった。相関主義者（たとえばフィヒテ）は「私たちは

〈私たちにとってのもの〉にしかアクセスできない[53]」と言うわけだが、「そこから、即自的なものは認識不可能だという結論に至るのではなく、相関性こそが真なる唯一の即自的なものだという結論に至るのである[54]」。ところが、私たちの前に立ちはだかっているのはもはや「相関項ではなく相関項の事実性[55]」である。だとすると「私たちは、事実性において、絶対者へのアクセス不可能性ではなく、即自的なものの開示を捉えなければならない[56]」。ところで、事実性とは「理由の究極的不在[57]」

(40) 同、七六頁。
(41) 同。
(42) 同。
(43) 同、八四頁。
(44) 同、八一頁。
(45) 同、八三頁。
(46) 同。
(47) 同、八七頁。
(48) 同。
(49) 同。
(50) 同、九一頁。
(51) 同。
(52) 同。
(53) 同、九二頁。
(54) 同。
(55) 同。

にほかならないのだから、私たちは「理由の究極的不在」を「私たちにとっての非理由ではなく即自的な非理由として[58]」捉え直さなければならないのである。

このようなメイヤスーの立場から見てバイザーの限界がどこにあるかは歴然としている。バイザーは、カントやフィヒテの超越論的観念論からシェリングやヘーゲルの絶対的なものの哲学への移行に、ドイツ観念論の脱主観主義化――これはメイヤスー的に言えば脱相関主義化であろう――の動向の完成を見ている。だがバイザーは絶対的なものの時代を過去のものとし、メイヤスーのように今まさに到来すべきものとは考えていない。というのもバイザーには相関主義の歴史についての洞察が、つまりカント以後の二世紀を相関主義の時代と見なし、そこに二段階の相関主義を区別するという着想が欠落しているからである。ところが、形而上学の第一の反撃に相応する第二の反撃を構想しうるには、こうした視座が不可欠となる。言いかえると、相関主義の歴史を創案することによってメイヤスーは、過去の絶対的なものの哲学に先例を見出しつつ、絶対的なものの哲学の未来を素描しうるようになるのである。これにともない絶対的なものの思索としての――カント的な認識論のたんなる洗練にとどまらない――ドイツ観念論の再評価の文脈が整備される。とはいえバイザー同様、メイヤスーも時代錯誤を犯さないように細心の注意を払っている。だからこそ彼は第一の反撃の方法論のみを採用するのである。メイヤスーによれば、絶対的なものが哲学界を支配していた時代が過去のものになったというのは正しくない。強い相関主義の到来とともに、ただ「主観主義的形而上学」(第一の反撃)の時代が過ぎ去ったのである。

四　グラント――〈自然の不在〉から無制約自然へ

前章で詳しく見たように、メイヤスーと同様、グラントもカントの批判哲学から出発する。ただし彼はもっぱら自然の問題に照準を定めていた。グラントによれば、カントの《批判論的転回》の眼目は〈自然が知性によって規定されるものとしてたんに類比的にのみ、つまりもっぱら知性との関係においてのみ捉えられる〉という点にあるのだから、自然は「精神に現われるかぎりでの自然」[59]にとどまり「自然そのもの」[60]ではありえないのである。

このような思考の枠組によってその後の私たちの自然の見方が全面的に拘束されているという意味で、批判論的転回以後の時代はポスト・カント主義の時代と呼ばれるが、そこではカントの自然理解は二重の形態をとって現われた。

（56）同、九三頁。
（57）同、九四頁。
（58）同、九五頁。
（59）グラント『シェリング以後の自然哲学』二六頁。なお本節の前半は、本書の第二部・第一章・第三節の内容を圧縮したものであり、詳細についてはそちらを参照されたい。
（60）同。

第一の形態はロゴス中心主義であった。「自然は〈存在するものをそのうちに在らしめている基体〉であるのに、そのような自然に〔いまや〕語られるかぎりでの言葉が取って代わる」[61]もしくは、自然は「有限な意識に対して現われる〈もの〉」[62]となる。「自然は知性によって、知性に対して直接に規定されている」[63]という思想は「自然がロゴスや言語によって、あるいは現象として規定されている」[64]という思想へと先鋭化されながら、今もなお「ほとんどの現象学的哲学とすべての倫理的・政治的哲学を、さらに「自然」をもっぱら言語のうちで、言語に対して規定されていると見なす言語論的な観念論を支える岩盤となって、それらに活気を与え」[65]ているのである。

第二の形態は生命中心主義（有機体の哲学）であった。

> 〈カント以後〉の哲学はくりかえし有機体や生命現象の問題に取り組んできたが、それは……自然哲学の急襲を阻止するためであった。……倫理的＝政治的あるいは実存的な問題を哲学の真の活動分野として中心に据えることによって、哲学が「反自然学」の傾向をあらわにしても、生命は、そのためのもっともらしい言い訳を与えてくれる。……それゆえ、自然を包括する形而上学を構成するかのように見えながら、じっさいには別の形而上学へ陥る危険が有機体の哲学にはある。[66]

こうして「「生命中心主義」から「ロゴス中心主義」へと到る距離はわずか一歩でしかない」[67]のである。

ところがポスト・カント主義の時代におけるカントの批判哲学とその二つの進化形態による支配は必ずしも盤石ではなかった。というのも、この統治はそれを転覆しようとする反対運動によって潜在的に絶えず脅かされていたからである。この反対運動の起源は、カントの「批判哲学による革命の体系的な無効化」[68]としてのシェリングの自然哲学にほかならない。

シェリングの自然哲学はこれまでほとんど試みられたことのない稀有な事例である。というのも、その開始以来、二〇〇年間、自然を〔知性との〕類比的把握へと閉じ込めてきたカントの思考の枠組みから脱却しようとすると、どのような諸帰結がもたらされるのかということが、それによって示されているからである。[69]

(61) 同、三六—三七頁。
(62) 同、三七頁。
(63) 同、五七頁。
(64) 同、六七頁。
(65) 同、五八頁。
(66) 同、四五頁。
(67) 同。
(68) 同、三五頁。
(69) 同、六六—六七頁。

そのかぎりにおいてシェリングの自然哲学はカントの批判哲学の対極に位置していた。第一にそれはロゴス中心主義ではなかった。

自然哲学は……『判断力批判』が自然と知性のあいだに定めた、たんなる類比的関係を超えた立場から、自然の問題に取り組む。……〈自然がロゴスや言語によって、あるいは現象として規定されている〉ということを論駁するのが自然哲学の仕事なのである。(70)

第二にそれは生命中心主義（有機体の哲学）でもなかった。

なぜならば、有機的自然と「無機的」自然を分断する境界線は自然学的根拠がなく、哲学にとっても有害であるので、取り除かれるべきだという主張が、『世界霊』（一七九八年）以来、その必須の構成要素だったからである。両者の境界線を取り除くとシェリングが言うわけは、それによって有機的組織化を、機械論的自然秩序の例外にではなく、むしろ自然そのものの原理にするためである。……自然の階梯の「下方へ向けて」有機体主義が投影されているというよりも、むしろ有機的組織化とは「物質の自己構成」そのものの力能あるいはポテンツなのである。(71)

こうしてシェリングの自然哲学は、自然を表象や言語のうちへと幽閉しようとするカントの諸制約を――生命（有機体）の領域をもはるかに超える地点へ向かって――一挙に撤廃（無制約化）し、自然そのものへと至ろうとする。まさにその意味において「「シェリング主義」という言葉は〔広く〕自然の形而上学を無制約化する哲学的企図〔一般〕を意味しているのである[72]」。

このように自然という問題をめぐって、一方でカントとその後継者、他方でシェリングとその後継者という二つの勢力が拮抗・対立しているのがポスト・カント主義の時代であり、この時代においては、その端緒をなす対立は今なお直下にはたらいているのだから、その意味で「シェリングは私たちと同時代の哲学者[73]」であるが、しかしカント的パラダイムの圧倒的な優勢下では、この反対運動はいわば地下にもぐり一般の人々の目からは隠れてしまっているので、シェリングと自然哲学の現代性を唱えるのはかえって「挑発[74]」と映らざるをえないのであった。

さて、以上のような概要をもつグラントの『シェリング以後の自然哲学』はメイヤスーの『有限性の後で』と同じく二〇〇六年に刊行されている。しかしここではいわば一方向的に、もっぱら後者の相関主義批判を背景にしながら、グラントのポスト・カント主義批判を眺めてみたい。そうす

(70) 同、六七―六八頁。
(71) 同、四六―四八頁。
(72) 同、三五頁。
(73) 同、六八頁。
(74) 同、一七頁。

ると、ポスト・カント主義の時期が相関主義のそれと重なり合うということについて異論はなかろう。そこで次に、これら二つの時期を構成している要素に注目し、相互に対応させてみたい。

第一に、二つの時期の起点はともにカントの批判哲学なのだから、その意味で弱い相関主義に相応するものが――それに特別な呼称は与えられていないけれども――グラントの側にも見出される。第二に、強い相関主義に目を向けると、これにグラントの側で対応しているのは――それとカントの批判哲学との相違は明示されないものの――ロゴス中心主義であろう。しかし弱い相関主義と強い相関主義の中間に位置する第三の要素がある。この第三の要素――メイヤスーが第一の反撃とか主観主義的形而上学と呼ぶもの――にグラントの側で対応している契機を求めると、それは生命中心主義でなければならないように思われる。というのもメイヤスーによると、主観主義的形而上学は「つねに、知的、意識的、あるいは生命的な項を実体化することを特徴とする」[75]からである。もっともこのように比較が第三の要素に及ぶと、内容上の近似にもかかわらず、双方の側の位置づけに無視できない齟齬が生じているように見える。しかし今は目を瞑り、先を急ごう。そうするとただちに気がつくのは、メイヤスーの側には見出されない第四の要素があるということである。それがシェリングの自然哲学である。

もしシェリングの自然哲学が第一の反撃に属するなら、これに相当するものをメイヤスーの側に求めると、主観主義的形而上学をそれと見なすほかない。しかしグラントの側で主観主義的形而上学に対応するのは生命中心主義であって、この生命中心主義からシェリングの自然哲学は明確に区別されているだけでなく、むしろその彼方に位置づけられている。メイヤスー風に言えば、それは第二の反撃に属するのである。したがってこの意味でシェリングの自然哲学に該当するものをメイヤスーの側に見出そうとすると、それはメイヤスー本人ということにならざるをえない。これはいったい何を意味しているのだろうか。

要するにこれは、メイヤスーの言う主観主義的形而上学に回収しきれないものと見定められながら、まさにその剰余面に照準を合わせてシェリングの自然哲学の再評価が試みられている、ということではなかろうか。したがってこの時グラントはたしかに、古典的なタイプの絶対的なものの哲学の再評価をたんなる方法論を越えて、その内実にまで拡張していることになる。それにもかかわらず彼は、メイヤスーの言う主観主義的形而上学をそのままの姿で復活させることによって、彼やバイザーの懸念する時代錯誤に陥っているというわけではない。というのも、グラントが光をあてようとしているのはシェリングの絶対的なものの、これまで十分に直視されてこなかった側面だからである。

しかしそれでは、ロゴス中心主義的でないというのみならず、生命中心主義的でもない絶対的なものの哲学とは、いかなるものなのであろうか。有機的生命の支配する圏域からさらに降下して無生命の管轄する領土にまで達し、そこに深く根を下ろしている絶対的なものの哲学は、正統的なシェリング解釈に抗してというだけでなく、実際にシェリング自身のものであるいくつかの特性に逆らってでなければ見出しえないものであるように思われる。この発掘されたばかりの絶対的なも

(75) メイヤスー『有限性の後で』六八頁。

のの哲学が、メイヤスーの言う強い相関主義に対抗しうるだけの力能を実際に具えているかどうかは、別途検討が必要になるだろう。

五　メイヤスーとグラントの差異

本章の目的は、思弁的実在論という最新の思想動向の一つを取り上げ、それがどのような意味においてシェリングの再評価の文脈を用意するのかを、メイヤスーの『有限性の後で』とグラントの『シェリング以後の自然哲学』との関係性に留意しながらあきらかにする、ということであった。私たちの考察の成果は次の二点にまとめられる。第一に、バイザーが指摘するように、絶対的なものを志向するという意味でシェリングやヘーゲルの哲学が脱主観主義化の傾向を本質的に備えているとするならば、それと基本的に主旨を同じくするメイヤスーの相関主義批判とそれに基づく哲学史観とは、一般的に言って絶対的なものの哲学という観点からシェリングやヘーゲルを再評価する文脈を用意しうる、ということである。しかし第二に、一九世紀の初頭と二一世紀の初頭という時代の隔たりを考慮するなら、当時のままの絶対的なものの哲学の復興はありえない。ゆえにメイヤスーは再評価を彼らの方法論に制限する。これに対してグラントはシェリングに即しつつ、かつての絶対的なものの哲学の再評価を内容にまで拡大するが、だからといって愚にもつかない時代錯誤を犯しているわけではない。なぜならば、この再評価が照明しようとしているのは、二世紀もの間、時代の制約に妨げられて見過ごされてきたシェリングの絶対的なものの反ロゴス中心主義的で反生命中心主義的な基底、、だからである。

第三章　充足理由律の問題とメイヤスーの不在——二つのワークショップ

一　『シェリング以後の自然哲学』（二〇〇六年）

最初、レディング大学に籍を置いて造形芸術家を志していたイアン・ハミルトン・グラントは、さまざまな理由から哲学に転じる。ウォーリック大学にて博士号を取得したあと、一九九〇年代にはボードリヤールやリオタールの翻訳により一部の識者には知られていたが、二〇〇七年の思弁的実在論の最初のワークショップに、ブラシエ、ハーマン、メイヤスーとともに参加したことで彼の名前は広く知れわたるようになる。

ウォーリック大学のＣＣＲＵ（Cybernetic Culture Research Unit）以来、ブラシエと旧知の仲であったグラントが思弁的実在論のワークショップに誘われたのは、過去の縁故というだけでなく、当時の彼の思想的立場によると考えられる。というのも、広く認められているように、思想的背景や主張などを異にする四人の登壇者を結びつけていたのが、『有限性の後で』においてメイヤスーによって定式化される相関主義批判であったとすると、カント以降の哲学史に対する同様の診断と処方とが、グラントの『シェリング以後の自然哲学』にも見出されるからである。

もちろんメイヤスーとグラントでは異なる点も多い（その一端を私たちは前章で見た）。そのような相違点も含めてグラントの思弁的実在論の特徴は、それがシェリングの自然哲学に依拠していることに由来していると言っても決して過言ではない。したがってその際立った特徴を一つあげるとすれば、共同主観性や言語活動などとの相関関係から解き放たれなければならないのは、グラントの場合には自然である。この解放にともない自然は〈私たちにとって〉の自然であることを止める。しかしこの実在そのものとしての自然とは、所産であるかぎりの自然（natura naturata）ではない。むしろそれはその反対概念、すなわち私たちの知的営為も含めてあらゆるものを生み出している能動的な力能としての自然、いわゆる能産的自然（natura naturans）である。

二　ロンドン思弁的実在論ワークショップ（二〇〇七年）

思弁的実在論の最初のワークショップにおいてグラントは、彼の考察の出発点を次のように要約している。それによると、（ i ）もし断固たる二元論者でないなら、思考することに先行するものがあると認めなければならない。（ ii ）思考することに先行するものは一個の〈もの〉ではなく、複雑な分岐をくりかえす無数の出来事の系列である。（ iii ）したがってある出来事が生み出されるとき、その条件は他の出来事が生み出されるための条件でもある。（ iv ）このような不均衡のゆえに、生み出されたものは自己自身を生み出した原因のすべてを自己の内部で捉えることはできない。（v）ところで、思考することに先行するものとは自然である。（vi）このように思考することにとってみずからの産出の根拠が自然にあるならば、思考することの内部にとどまるかぎり、思考することはみずからの根拠を判明に捉えられない。（vii）それゆえ、思考することは自分自身を自然の一部であると認めなければならない。

〈思考することにとって自然は先行するものである〉というこの洞察をグラントは「哲学に対するシェリングの中心的な寄与[1]」と見なす。しかしこの洞察はたんなる過去の遺物ではなく、あきらかな現代的意義ももつ。というのも、これによって現代哲学にとって焦眉の課題である「カントによる拘束からの脱出口[2]」が見出されるからである。このようにしてシェリングに依拠しつつ、グラントは「反省が不可能であるということ〔反省が自己のうちで完結できないこと〕を覆い隠している内面性という安全地帯[3]」をこじ開け、その牢獄のそとへと私たちを導くのである。

しかし〈反省によって思考は自己自身を根拠づけられない〉ということが露呈し、思考することの内面性が破られるならば、思考することにとって自己の根拠があらためて問題とならざるをえない。実際、これは「一つの問題のはじまり、根拠の問題についての自然主義的な解釈の……はじまり[4]」である。グラントによれば、この問題は「一つの根拠があるのか、それとも多くの根拠があるのか[5]」という問いに収斂してゆく。もっともこのワークショップでは、この問いも含め、根拠の問題は一般にたんに提起されるにとどまり、それ以上立ち入っては論じられていない。

三　ブリストル思弁的実在論ワークショップ（二〇〇九年）

第二回のワークショップで——すなわち論文「自然はあるがままにとどまるのか（Does Nature Stay What-it-is?）[6]」において——グラントが取り上げるのは、ほかならぬこの根拠の問題である。ここでは根拠の問題がいわゆる充足理由律との関連において仔細にわたって論じられている。先のワークショップと同様、この論文においても問題となっているのは、思考することが反省によって自己を根拠づけようとするとき、この自己反省がそれ自身の内部で完結しうるのか否か、ということである。そして、このような思考することの自己根拠づけの問題をめぐって再度、私たちはカントの側につくのか、それともシェリングの側につくのかという選択を迫られることになる。

なおこの論文で「先行性」と言われているものは、先に「先行するもの」と呼ばれていたものと基本的には同一であり、要するに〈思考することに対する自然の先行性〉を意味している。この先

（1）Brassier, Grant, Harman and Meillassoux, "Speculative Realism," p. 334.
（2）Ibid., p. 339.
（3）Ibid., p. 343.
（4）Ibid., p. 339.
（5）Ibid., p. 344.

行性を認めることなく、すなわち「反省が不可能であるということを覆い隠している内面性という安全地帯」に立てこもったままで、根拠の問題を解決しようとする、その二つの事例としてフィヒテとヒンドリクスが取り上げられている。グラントの主張の要点は、思考することの根拠がいかに緻密に論じられようとも、彼の言う「先行性」が承認されないかぎり、私たちは根拠の問題の真の次元には出会えないし、根拠のもつ真の力動性は見出されない、ということである。

ところで、いま名前をあげた両名はともに反シェリングの陣営に属するが、フィヒテはカント派、ヒンドリクスはおそらくヘーゲル派と見なされている。けれども興味深いのはライプニッツの位置づけである。グラントによるとライプニッツの充足理由律は、思考することの論理的根拠（理由）だけではなく、同時にその物質的根拠（原因）にも関わるものとして、形而上学と自然学とを媒介する役割を担っている。その意味においてこの「ドイツのプラトン」は『ティマイオス』のプラトン（これは二世界論者としてのプラトンではなく一世界論者としてのプラトンである）と同様、シェリングの、さらにはグラント自身の思弁的自然学へ至る通路の役割をはたしているのである。

ところが、このライプニッツ論を受けてはじまる本論文の最後の節は、根拠の単一性と複数性という問題だけでなく、これまでの議論に基づいて最終的にどのような自然像が構築されるのかなど、そうした諸点が十分な解決をみないままに、〈無底〉のような重要なモチーフが唐突に提示されて終わっている。

四　実在論と観念論――哲学史の問題

結論部においてグラントの自然像が具体的に展開されていないという憾みはあるにしても、そこへと至る議論の脈絡を辿るのにそれほどの困難はない。それにもかかわらず不分明な点が残るとするならば、主要な議論の上に別の文脈ないしレイヤーが重ねられているからである。

第一に、ロンドンのワークショップにおいてグラントは、彼の実在論が観念論について独自の見解をもたらす、と述べていた。彼によると、実在論が真ならば、その実在論は、たとえそれがイデア（観念的なもの）であろうと、何ものかを消去することがあってはならない。しかし真の実在論が、このように観念的なものを消去しない実在論であるとすると、そのような実在論は真の観念論、すなわち実在的なものを消去しない観念論と合致するだろう。このような観点から「（真の）観念論は自然についての実在論であるとともにイデアについての実在論でもある」[7]と言われていた。

このような見地をふまえつつ、第二に、論文「自然はあるがままにとどまるのか」においてはさ

（6）イアン・ハミルトン・グラント「自然はあるがままにとどまるのか――力動性と先行性基準」（浅沼光樹訳）『現代思想』四七（一）、二〇一九年一月号、一〇三―一二七頁。

（7）Brassier, Grant, Harman and Meillassoux, "Speculative Realism," pp. 338-9.

らに、歴史上の観念論（シェリングなど一部の例外をのぞく）が程度の差はあるものの、おしなべて消去主義的な立場に立つ実在論と見なされている。したがってフィヒテの観念論もまた消去主義的な実在論である。バークリの主観的観念論が最小の実在論とされるのも同じ理由による。このように実在論の一種と見なしうるかぎり、この型《タイプ》の観念論は無下に否定されねばならないわけではなく、部分的に肯定的な評価を受けるに値するのである。

　ところで、この着想をさらに押し進めてゆけば、観念論の歴史について独自の展望[8]が開かれるだろう。しかしそれはともかく、このような仕方で、いわばそのつど前景を形づくる中心の議論が、同時に流動する背景、つまり今まさに彼自身によって書きかえられつつある哲学史像の上に展開されるというのは、『シェリング以後の自然哲学』以来のグラントの思惟の目立った特徴の一つである（この点を見落すとハーマンに典型的に見られるような誤解[9]に陥るであろう）。

五　充足理由律をめぐって――メイヤスーの不在

　ところが第三の文脈ないしレイヤーがあって、おそらくそのせいで読者にとってこの論文は一種の不透明性をかかえることになっている。この論考はいったい誰を念頭に置いて書かれているのだろうか。むろん誰かに宛てて書かれていなければならないわけではない。しかしロンドンのワークショップの際にメイヤスーとグラントとの間に交わされた質疑応答が、充足理由律をめぐるものであったというだけではなく、そこでメイヤスーは「自然はあるがままにとどまる（Nature stays what it is）」と発言していた。これをグラントは疑問形にしてみずからの論文の表題としているのである。[10]

この論考が充足理由律の問題を扱っていることは、序論部で明言されている。続けてその現代哲学の問題である所以が三つに分けて語られ、最初に言及されるのがメイヤスーである。しかし結局メイヤスーが主題的に論じられることはなく、かわりに取り上げられるのはヒンドリクスである。ヒンドリクスに関する議論が無意味というのでは断じてないが、先の諸事情を勘案すると、本来ここに挿入されるべきなのはメイヤスー論だったのではないか、という疑念を払拭するのは難しい。

偶然にも、この不在にはもう一つの不在が重ねられる。ブリストルのワークショップへのメイヤスーの不参加である。しかしこの不在も、結局、思弁的実在論ムーブメントにおけるメイヤスーの存在感と重要性をあらためて世に知らしめる結果に終わっている。この論文のなかでもたぶん同じことが言えるだろう。不在のメイヤスーは議論のそとへと追いやられてしまっているわけではない。むしろ充足理由律をめぐるメイヤスーとの対決は奥底に入念に匿われており、いつか掘り起こされるのを待っているように感じられる。

（8） Cf. Jeremy Dunham, Iain Hamilton Grant and Sean Watson, *Idealism: The history of a philosophy*, Stocksfield: Acumen, 2011.
（9） これについては本書の第二部・第四章を参照されたい。
（10） Brassier, Grant, Harman and Meillassoux, "Speculative Realism," p. 444.

六　自然の形而上学へ

ところでグラントはすでに各方面から注目を集めている。

第一にグラントは、エコロジカルな相関主義とも言うべき人間中心的な自然観からの脱却をはかり、自然概念の再定義を試みる点において——T・モートンやE・グロスなどと並ぶ——ポスト構造主義以後の自然思想家と見なされる場合がある。

第二にグラントは、伝統的に主流をなしてきた不活性な物質という見解に自己組織化する力能としての物質という理解を対置する点で——論文「自然はあるがままにとどまるのか」においても言及されているG・ストローソンらとともに——現代に蘇生した汎心論（panpsychism）の一角を担う人物と見なされる場合もある。

第三にグラントは、現代思想の文脈にシェリングの自然哲学を接続しようと試みることによって——C・S・パースやA・N・ホワイトヘッドなどの——他の同種の自然哲学（コスモロジー）のアクチュアリティに関する議論を誘発したことでも知られている。

もっともグラント自身の目的は、たとえその出発点においてどれほどシェリングに触発されているとしても、あくまでオリジナルな自然の形而上学を樹立することにある。この点から見ると、論文「自然はあるがままにとどまるのか」は過渡的な性格を示している。ここで展開されている議論がどこへ落着するかは、予告されている次著――それは『根拠と力能(*Grounds and Powers*)』などと呼ばれている――の刊行を待たずには確言できない。しかしこの論文を含めて『シェリング以後の自然哲学』以降に書かれた諸論考の内容から判断するならば、シェリングのたんなる再演にとどまらないグラント独自の自然哲学が次第に姿を現わしつつあるのは間違いないであろう。

第四章　下方解体か掘削か――ハーマンのグラント批判

力能《パワー》がなければ所産《プロダクト》はないであろう。しかし逆は真ではない。〈もの〉が〈力能〉を根拠づける（ground）のでもなければ、〈力能〉が〈もの〉を根拠づけるのでもない。もし実体的なものが究極のものと見なされているなら、〈力能〉はこのことを無根拠化（*unground*）するのである。したがって〈力能〉は〈オブジェクト〉の生成を消去するどころか、それを不可欠のものとする[1]。

〈掘削（mining）〉は〈下方解体（undermining）〉ではない。それはありとあらゆる〈オブジェクト〉にとって〈先在態（anteriority）〉がなくてはならないことを暴露するのである[2]。

一　グラントとハーマン

四人の最初の思弁的実在論者、ブラシエ、グラント、メイヤスー、ハーマンの思想上の関係はどのようなものであろうか。もし彼らの相互関係について網羅的な考察を企てようと思えば、六つの組合せのおのおのについて分析をおこなわなければならない。しかしここではもっぱらグラントとハーマンの思想的関係の解明に論点を絞ることにしよう。

ところで両者の関係にかぎって言えば、当人同士がこの問題について意見を交換しあったことがある。二〇一一年の論集『思弁的転回』にはハーマンによる比較的長いグラント批判(3)とそれに対するグラントの簡潔な応答(4)が収められている。両者の思想的立場の内的関係を考えるには、この二つの論考は絶対に外すことのできない基礎資料の一つであろう。

しかしこれらの論考におけるハーマンとグラントの応酬にはいささか隔靴掻痒の感を禁じえない。結局、その応答によってグラントはハーマンの疑念を完全に払拭しえたのであろうか。巻頭論文「思弁的哲学へ」(5)はこの論集全体にとって総論ないし導入の役割を担い、その一節は同書に収録されている論文の要旨にあてられている。当然そのなかにはハーマンに対するグラントの応答についての要旨も含まれている。しかし何度読んでも私にはこの要旨が——たしかにキーワードは網羅しているものの——グラントの真意を十分に汲んでいるとは思われなかった。私にはこの要旨が今もなお標準的な——つまり一般の読者の——グラント理解の指標のように思われてならない。

---

(1) Iain Hamilton Grant, "Mining Conditions: A Response to Harman," in: *The Speculative Turn*, p. 46.
(2) Ibid., p. 45.
(3) Harman, "On the Undermining of Objects," pp. 21-40.
(4) 本章の註(1)を参照。
(5) Bryant, Srnicek and Harman, "Towards a Speculative Philosophy," pp. 1-18.

ところで、グラントの応答が必ずしもわかりやすいものではないとすると、その理由はどこにあるのだろうか。語られている思想内容だけにその責を負わせるわけにはいかないであろう。この応答が必要以上に難解になっているならば、グラントの論述にも原因があるのではないだろうか。この二つの論文を何度か読みかえしているうちに、そのような考えが私に浮かんできた。その後、次第にこの念は強まり、ついにグラントの応答の要旨を自分なりに書き直したいと思うようになった。

この再構成の作業は、私には不十分と思われた要旨をグラントの真意を反映した、より平易なものに書きあらためる作業であると、そのように考えて貰ってかまわない。しかし本章は要約というにはあまりにも長くなった。試行錯誤をくりかえすうちに、最初にグラントの思弁的実在論の特徴を直截に提示するのがよいのではないか、と思い至ったからである。したがって目の前にある〈要旨〉は実質的に言って、ハーマンのグラント批判に即した〈グラントの思弁的実在論〉の解説と呼ぶのがふさわしい内容になっている。とはいえ、念のために申し添えておくならば、この〈概説〉はグラントとハーマンの思想的関係の解明の工程の一つという意味を完全に失っているわけではないのである。

二　グラントの思弁的実在論

相関主義批判

思弁的実在論の四人のオリジナル・メンバーは全員が相関主義に反対の立場をとっている、あるいはそれを克服しようとしていると言われている。相関主義を批判し、それを克服するということは、たんに主観との相関関係における実在（客観）ではなく、そのような関係の彼方にある〈実在そのもの〉を指向し、それを認識――つまり思弁的に把捉――しようとするということである。

しかし相関主義をどのように乗り越えるかによって、彼ら四人の立場は互いに相違してくる。たとえばハーマンの場合には相関主義の批判に関係主義一般の批判が結びついている。周知のように、ハーマンは人間も〈もの〉も無差別に〈オブジェクト〉として捉える。しかしこれによってハーマンは、〈もの〉を人間との関係に解消するという意味での相関主義だけではなく、〈もの〉を〈もの〉相互の関係に解消するという意味での関係主義も同時に否定しようとしている。このような見地からするならば、ハーマンの考える実在そのもの（オブジェクト）は、人間中心的な観点と関係中心的な観点を同時に乗り越える地点に設定されている、とも言えるかもしれない。

ところで、ある意味でこれと似た事態がグラントにも見てとられる。グラントにおいても相関主義と同時に否定されるものがあるからである。それが生命中心主義（*biocentrism*）と呼ばれる立場にほかならない。このように相関主義とともに生命中心主義を否定、克服しようとする点に、あるいはむしろ相関主義批判を生命中心主義批判として展開する点にグラントの思弁的実在論の最大の特徴が見出される。

生命中心主義批判

グラントにおいて相関主義に相当するのはロゴス中心主義（*logocentrism*）である。この語が意味しているのは、実在がつねに人間の意識あるいは言語活動との関係において捉えられている、ということである。そしてグラントはこの関係性の外部へ出ようとしているのだから、ここまでは相関主義批判のプログラムと基本的に合致している。しかし人間の意識や言語活動との関係をまぬがれているように見えても、実在が生命との関係において捉えられているかぎり、主観的なものとの関係を完全に脱しているわけではない。人間の認識活動が（有機的）身体とその生命活動に支えられることによって成立しているとしよう。もしそうならば、ロゴス中心主義の根は身体的生命そのものにある、とも言いうるからである。したがって、グラントにおいては第一レベルの（あるいは表層の）相関主義批判は、人間の精神的活動を生命活動に根ざすものと捉え――すなわち人間を身体的存在と見なして――それによって人間そのものを自然の内部へ、自然の一部を構成するものとして置き入れる、という役割しかもっていない。しかしここからがある意味で本当の相関主義批判のはじまりである。つまり第二レベルの（あるいは深層の）相関主義批判として生命中心主義批判が控えており、この批判によって相関主義の根が、つまり私たちの身体的生命に深く根を下ろしている相関主義がその根元から断ち切られなければならないのである。

もっと具体的に考えてみよう。グラントの場合にもカントは相関主義の代表である。カントの超越論的観念論においては、感性に与えられる直観の多様に直観および悟性のアプリオリな形式が適用され、その総合の結果として現実の世界（現象界）が構成される。しかしこのような構成の作用は動物の世界にも見出されないだろうか。そこでもし仮にこの作用を最も下等な生命にまでたどりうるとしてみよう。そうすると複雑さの度合に程度の差はあるかもしれないが、どの階層においても生命はつねに自己中心的に世界を捉え、種のアプリオリな関心に基づいて世界を分節している、ということになろう。だとすると少なくとも生命——それは有機的身体と外延を等しくする——の次元にとどまるかぎり、私たちは真の意味で脱中心化された世界には、つまり実在そのものには出会わない、ということになるだろう。

このような観点からすると、人間において相関主義を否定しつつ、同時に生命一般においてそれを否定しないのは不徹底であろう。したがって、もし相関主義批判がみずからを貫徹しようとするならば、知性のみならず有機的身体までも視野に収めなければならず、その意味でロゴス中心主義の批判は生命中心主義の批判にまで徹底されなければならないのである。

実体論批判としての無制約化

けれどもそうすると、いったいどうすれば私たちはこの生命中心主義を克服しうるのであろうか。すでに見たように、生命中心主義とは生命がそのアプリオリな関心に基づいて世界を分節することである。しかしそれは世界を任意のまとまりとして——要するに〈もの〉として——捉えることにほかならない。このようにして生命の前にはつねに複数のまとまり（〈もの〉）からなる世界が広がっている。このような世界の見方をグラントは物体主義（somatism）と呼んで批判の俎上に載せている。ただし言うまでもなくそれは、このような世界の見方がその生命中心主義的な分節の結果であり、どこまでもそれと表裏一体であるからである。こうして〈生命中心主義〉批判は〈物体主義〉批判として遂行される。後者を通路として前者の克服が目ざされるのである。

ではあらためて〈物体主義〉の克服はどのようにしてなされるのだろうか。その手続きをグラントは〈無制約化（unconditioning）〉と呼ぶ。この概念は——総じて〈もの（das *Ding*）〉の領域には〈無制約的なもの（das Unbe*dingte*）〉は見出されない、なぜなら〈無制約的なもの〉は〈もの〉化する（be*dingen*＝制約する）ことの不可能なもの（das *Un*bedingte）だからである——という初期シェリングの議論に由来している。したがってグラントの〈無制約化〉とは〈もの（das Ding、the thing）〉の〈もの〉性を否定して〈もの〉以前のものへ、すなわち〈無制約的なもの（das Unbedingte、the unhinged）〉へと到達することである。このように《〈もの〉を〈もの〉でないものに引き戻す（de*thing*ifying）》[6]ということがグラントの言う〈無制約化〉という手続きの具体的内実である。

さてこのように段階的に〈無制約化〉を押し進めていくと、いずれ私たちは最後の〈もの〉に直面せざるをえない。最も基底にある〈実体〉としての世界である。これについては次のように説明できるであろう。生命一般は世界をそのアプリオリな関心に従って分節する。しかし一方で生命はそのような〈もの〉（＝かたち）がそこにおいてある場所（＝地）もまた一つの形あるまとまり（＝

〈もの〉として捉える。〈無制約化〉の果てに私たちの前に最後に立ちはだかるのは、この最も一般的で包括的な〈もの〉である。しかしこれが意味しているのは、生命中心主義の中枢にあるのが結局のところ、この世界という〈もの〉であるということである。世界の実体的統一は生命の自己中心性そのものの投影である、という言い方もできるであろう。したがっていずれにしてもこの〈地〉が崩落するなら、〈もの〉はそれが〈もの〉として存立する（見られる）ための最終的な基盤を喪失し、その上に描かれているさまざまな図も——そのようなパースペクティブを開いている生命のアプリオリな関心そのものとともに——一緒に崩れ落ちるであろう。このような観点からグラントは〈無制約化〉を中期シェリングの言葉を借りて〈無底化（Ungrounding）〉つまり〈自己の拠って立つ基底を取り除くこと〉とも表現している。

力能の存在論

このようにグラントの〈生命中心主義批判（としての相関主義批判）〉は〈世界の実体的統一そのもの〉の否認へと至る。その彼方に開けるのはさしあたり〈形なき世界〉であり、端的に〈自然〉とも呼ばれている。この自然についてはさまざま特徴づけが可能であると思われる。たとえば「実在の流砂（the shifting sands of reality）[7]」という言葉はこの〈形なき世界〉の一面を捉えていると言えるか

（6） Cf. Gratton, *Speculative Realism*, p. 115.
（7） Ibid., p. 113.

もしれない。しかし脱生命中心主義というグラントの相関主義批判の根本動向をふまえるならば、最も重要なのはやはり生命との非対称性であろう。このような非対称性は次の三つの意味において〈生命による自然の中心化の不可能性——あるいは端的に言えば——その制御不可能性〉として現われる。

第一に、この自然は生命を生み出すかもしれないが、そうしないかもしれない。言いかえると、あらゆる相関主義の向こう側に見出される〈自然〉は生命そのものではなく、その可能性にすぎない。より先鋭化して言えば、〈自然〉とは生命を定立しない可能性である。

それにもかかわらず第二に、生命が生み出されるとしたら、生命はこのような自然の上に存立しているために——あるいはより厳密な言い方をすると、むしろ自然そのものであるために——生命は自然をどこか別の場所に追い払うことはできない。これは言いかえると、生命そのものが前生命的なものを含む——あるいはむしろ前生命的なものである——ということである。この〈前〉が〈非〉や〈反〉に容易に転化しうることを考え合わせるならば、生命は自己制御不可能性そのものであるとも言えよう。

したがって第三に、この自然は生命が任意に分節することを許さない。むしろ自然はそれ自身によって世界を分節する。そのかぎりにおいて自然は——無形であるどころか——形を定立するはたらきそのものである。しかしその分節は生命による分節とは必ずしも重ならない。自然そのものによる分節のはたらきは、生命にとっていわば決して鳴りやむことのないノイズである。生命の秩序はこのノイズによって至るところで寸断されている。

ここまで主としてわかりやすさを心がけながら——そのため場合によっては省略や誇張も恐れずに——脱生命中心主義という基本動向を軸に据えてグラントの思弁的実在論の特徴を解説してきた。それをふまえて次に本題である〈グラントに向けられたハーマンの疑念〉および〈それに対するグラントの応答〉の内容を見ていくことにしよう。

三　ハーマンへの応答

下方解体と掘削

グラントに対するハーマンの根本的な疑念は、彼が下方解体者《アンダーマイナー》の一人なのではないか、ということである。〈下方解体（undermining）〉とはハーマンが〈オブジェクト〉と呼ぶ一種の「個体的実体」[8]をもはや〈オブジェクト〉とは言えないいっそう基礎的なもの——より深いもの——へと還元するという意味で言われている。

グラントは自身の思想的立場が〈掘削（mining）〉を前提としていることを否定していない。〈掘削〉は〈無制約化〉と内容的に同一の手続きである。しかし一見似てはいるけれども〈掘削〉は〈下方解体〉と必ずしも同じではない。というのも〈掘削〉は〈オブジェクト〉を何か別の、より

（8） Harman, "On the Undermining of Objects," p.37.

基礎的なものへと還元しているわけではないからである。〈掘削〉によって私たちが直面するのは〈世界の実体的統一の不在〉〈世界の無底性〉そのものである。〈掘削〉は〈オブジェクト〉をより基礎的なものへと還元するどころか、そのような基礎的なものがないということへと至るのである。

> もし……「掘削のプロセス」が、あらゆる〈オブジェクト〉の核《コア》は〈無底性〉に開かれている、ということを発見するとしたら、それはまさに「世界の最基層」や「究極の基体」つまり〈万物がそれに最終的に依存している実体〉がないからなのである[9]。

すでに述べたように〈掘削〉は内容的には〈無制約化〉と同一である。しかし〈掘削〉には独特のニュアンスがある。〈掘削〉の本来の意味は〈地表〉を掘ることである。しかし〈地表〉を掘るというのは地球をその核《コア》へと向けて掘り崩すことである。地球が生命を育む〈母なる大地〉とか、さらにはそれ自体が〈一個の生命体（ガイア）〉と見なされる場合があることに留意しよう。このような含意のゆえに〈掘削〉やそれに基づく〈地質学（geology）〉はグラントの思弁的実在論にとって象徴的な意味をもつことになる。というのも、地質学は先立つものを必然的に定立することによって地球が、つまり生命が「真のプリウス」[10]ではないことを示唆しているからである。

ハーマンのグラント批判はこの〈下方解体〉批判に尽きると言ってもよい。ゆえにこれに対するグラントの返答も基本的には〈掘削〉によって与えられている。〈下方解体〉が〈より根本的なもの〉へと還元するという意味であるならば〈下方解体〉はおこなわれていない、というのが彼の返答である。しかしハーマンは〈下方解体〉批判をさらに二つの批判によって変奏している。〈前個体主義〉批判と〈機会原因論〉批判である。この変奏に応じてグラントの返答もその焦点を変え、それにともなって彼の思想的立場が別の角度から照らし出されている。

形式的に言えば、グラントの返答は次のような仕方でおこなわれている。つまり、AがBへと還元されているというハーマンの批判は、それ自身がAとBの二元論に基づいている。ゆえに彼の批判に対してグラントは、自分はそもそもそのような二元論を採用していない、と反論することになる。この反論の根拠は、Aがそれへと還元されると言われているもの＝Bはそもそも存在しない、ということにある。しかしそうであるならば、さらに一歩踏みこんで、AとBの関係が非二元論的に再定義されなければならない。これをグラントは〈BをAへと非二元論的に編入し、Aの別の見方を提示する〉という仕方でおこなっている。

前個体主義と先在態

ハーマンによるグラント批判の第二の論点は〈前個体主義（pre-individualism）〉である。ここではグラントの立場が一種の質料主義（materialism）ではないか、つまり、形ある〈もの〉（〈もの〉のかたち＝形相）を無形の、つまりいまだ具体的な形をもっていない質料の大海へと融解させているので

（9） Grant, "Mining Conditions," p. 44.
（10） Ibid.

はないか、ということが疑われている。

すでに見たように、グラントの〈掘削〉は〈無制約化（＝脱〈もの〉化）〉という手続きによっておこなわれる。しかしその目的は〈実体的なものの見方〉そのものを解体し、私たちを世界の無底性（実体的統一の不在）へと導くということにある。だから厳密に言えば〈掘削〉の作業のあいだ私たちはどこにも〈前個体的なもの〉を見出さない。むしろこのように行く先を見失った結果としてこれら二つのもの（個体的なものと前個体的なもの）の二元論的関係が、言いかえると形相と質料という二元論そのものが解体され、さらには再定義されるのである。

このような形相と質料の関係の脱二元論的な再定義において〈質料的なもの・前個体的なもの〉と呼ばれていたものに新たに与えられる呼称が〈先在態（anteriority）〉である。〈下方解体〉が〈掘削〉によって置き換えられなければならなかったように、前個体的なものは〈先在態〉によって置き換えられなければならないのである。しかし〈先在態〉はもはや形相と対立する質料、現実態と対立する可能態ではない。むしろ拡張を被った現実態（actuality）そのもの、現実態の「生成モデル」[11]である。この《拡張》現実態＝〈先在態〉についてグラントは《どの時点においても汲み尽くされていない》と説明している。[12]

《汲み尽くされていない》という特徴づけはそれほど理解しにくいというわけではない。形相に対立する質料は伝統的に〈形相を受けとるもの〉〈受動的なもの〉〈不活性なもの〉と見なされてきた。これに対して形相に対立しない質料はむしろ〈形相をみずから産出するもの〉〈能動的なもの〉〈力能〉である。だとするならば、この「汲み尽くされなさ（＝無尽蔵性）」は端的に言って「先在態」が無限に〈自己生成するもの〉（自分で自分に形を与えるもの）である、ということを意味している。

しかし《どの時点においても》とはどのようなことであろうか。この言葉がわかりにくいとすると、そのわけはこの時間が私たちの時間（私たちの継起の秩序）ではないからである。つまり相関主義的に人間との関係というだけでなく、生命中心主義的に生命との関係において捉えられた時間でも、それはないからである。それは時間そのものであるが、しかもそのような時間が自然の時間であり、この時間を念頭に置いて《どの時点においても》と言われているのである。このように私たちのものではない時間における存在（自然）を後期シェリングは〈思惟によって先まわりして捉えることのできないもの（das Unvordenkliche）〉――ドイツ語の日常的な意味では〈考えの及ばないほど古いもの〉――と呼んだ。しかしこのように思惟――私たちの文脈では生命――には把捉不可能な〈継起の秩序〉において生起するというのであれば、これは事実上、思惟（生命）にとってこの〈自然の自己生成〉を内的に拘束しているプログラムがない、というに等しいであろう。しかし言うまでもないが、この私たちのものではない時間が私たちと別のものではない（なぜなら、私たちは自然そのものなのであるから）ということが要点なのである。

（11） Ibid., p. 41.

（12） Cf. Ibid., p. 43.

機会原因論と〈存在の生成〉

ハーマンの第三の論点は〈機会原因論（occasionalism）〉である。〈前個体主義〉批判を表とするならば、〈機会原因論〉批判はその裏面とも言うべきものである。すでに述べたように、ハーマンは〈前個体主義〉を個体としての〈もの〉を〈前個体的なもの〉に解体・還元することであると解していた。この解体・還元がまたしても槍玉に上げられている。もっとも論点は形相（現勢）と質料（潜勢）の問題から個体の相互作用の問題（因果関係の問題）へと推移している。つまり今度は、〈もの〉であるかぎりの〈もの〉から相互作用する力が剥奪されて、より基礎的なものとしての質料（事物の質料的統一）が〈もの〉に代わってその相互作用（因果関係）をおこなっているのではないか、ということが疑われているのである。もちろんこれを機会原因論と呼ぶのは、本来の──つまりマールブランシュに見られるような──機会原因論の定義と一致しないように思われる。けれどもハーマンはG・ブルーノやグラントもまたこのような質料主義的な、つまり前個体主義的なタイプの機会原因論を採用している、と考えるのである。(13)

すでに見たように、グラントはそもそも世界が実体的統一をもつとは考えていない。したがって〈世界の事物が前個体的質料によって統一されている〉とも見なしていない。それゆえ機会原因としてはたらくべき基体がグラントの場合にはそもそも存在しない。さらにこれにともなって形相と質料、現実態の可能態の二元論も解体され、拡張された現実態である先在態へと一元化され、その〈力能〉のダイナミズムは〈無制約的なもの〉──どの時点においても汲み尽くされないもの──と捉えられていた。しかしこのときもはや〈力能〉や〈生成〉以外に〈ある〉と呼べるようなものは何もない。つまり〈生成する〉ということが〈存在する〉ということなのである。このような存在と生成の非二元論的な関係性をグラントはプラトンにならって「生成によって存在となったもの（the becoming of being）[14]」と呼んでいる。

それでは、これによってグラントは機会原因論に陥ることなく〈もの〉としての〈もの〉の相互作用を説明している、ということになるのだろうか。たしかにグラントは〈もの〉の世界から〈力能〉の世界へと移行する。なるほどこの世界は底なしの「実在の流砂」のように見えるかもしれない。しかし〈力能〉の世界はただちに無限の形態化（formation）、差異化（differentiation）の世界である。だとするならば、あらかじめ分離していないことを恐れる必要はない。あらかじめ分離しているのではないとしても、〈もの〉はその〈力能〉のゆえに相互に分離しうるからである。つまり〈もの〉はあらかじめそのように分割されているのではないという仕方で不断に分割しつつある。あるいは〈もの〉は〈もの〉との境界をたえず変化させながら、そのようにして相互作用しあうと言ったほうがよいかもしれない。もちろんその場合に、そのつどの形態化・差異化の〈力能〉はそれが生み出すもの——後から生じるもの——の完全な所有物であるとは言えない。なぜならこの〈力能〉は後から生じるものの可能性だからである[15]。それゆえ、ここでは〈力能〉の独占的な（排他的な）所

（13） Cf. Harman, "On the Undermining of Objects," p. 37.
（14） Grant, "Mining Conditions," p. 46.
（15） Cf. Ibid., p. 43.

有者が作用の前提条件として考えられているわけではない。たしかにその意味では、ここで考えられているのは特殊な因果関係であるかもしれない。しかしそれは少なくともハーマンが批判する意味での機会原因ではない。なぜならば、この分節のはたらきを仲介するものがこのはたらきの外部に想定されているわけではないからである。また水平的な因果性の説明に代えて新プラトン主義的な垂直的な因果性の説明を置いているというのも正しくない。[16] むしろこの（水平と垂直という）二つの方向性が一つに縒りあわされているところにこそ、この因果性の眼目があるだろう。[17]

しかしそれではハーマン自身はどうなのか。「非分離性（nonseparability）」[18] に対する恐れから〈ものの〉の形に固執するならば、カントがライプニッツを批判したように、〈もの〉の形は自分が自分に与えたもの（自身の内的な生成の結果）ではなくなり、自分以外のものからすでに出来上がったものとして与えられたもの（他者からの外的な付与の結果）になりはしないだろうか。[19] またこのような世界は全てがすでに出来上がっている世界――仮にもし〈先〉と〈後〉が考えられたとしても、それもたんなる観念的な区別にすぎないような――（畢竟ヘーゲル的な）世界ではないだろうか。[20] そしてこのような真の意味で時間的に生成変化することのない世界においては、〈もの〉は相互に作用する〈力能〉を奪われ、不能（impotent）になってしまうのではあるまいか。[21] もしそうならば、機会原因論に陥ることなく〈もの〉としての〈もの〉の相互作用を説明しているのか、という最初の問いは、むしろハーマンに対して向けられるべきであろう。

〈下方解体〉という立場に対するハーマンの批判の要点は、〈下方解体〉が「馬や鉱物からいっさいの力能を奪いとってしまう」ということである。言いかえると、〈オブジェクト〉が「生れながらの産出力」をもつということを、ハーマンの形而上学はあきらかに必要としているわけである。したがって、ハーマンに対する私の問いは私に対するハーマンの問いとまったく同一である。すなわち、オブジェクト指向モデルを採用するならば、彼の言うように〈オブジェクト〉が力能をもつということは、いかにして考えられうるのか。[22]

四　グラントの応答の主旨

以上の考察をふまえてハーマンのグラント批判の問題点を述べよう。そうするとその根本の問題は、グラントの思弁的実在論の〈相関主義批判〉と〈力能の存在論〉という二つの位相が明確に区

(16) Cf. Harman, "On the Undermining of Objects," p. 36.
(17) Cf. Gratton, *Speculative Realism*, p. 116.
(18) Grant, "Mining Conditions," p. 46.
(19) Cf. Ibid., p. 43.
(20) Cf. Ibid., pp. 43-44.
(21) Cf. Ibid., p. 42.
(22) Ibid.

別されていない、ということにあるように思われる。このような事態を招来しているのはグラントにも責任がある。ペーパーバック版の「序」で彼自身が説明しているように、グラントの『シェリング以後の自然哲学』においては後者の側面は十分に展開されていない(23)。またその前提の上での話になるけれども、このハーマンへの応答においては〈解体〉といまだ十分に展開されていない〈構築〉との間で議論がシームレスに移行する場面が多々見うけられる（それはおそらく〈解体〉の正確な理解が未展開の〈構築〉の理解につながると考えられているからであろう）。それにもかかわらず相関主義の解体とその後に構築される形而上学の本体とは――内容的には重なり合う部分があるとしても――い、い、い、い、ことがらとしては区別されるべきである。そしてこの位相の〈ずれ〉に留意することがグラントの議論の筋道を見失わないための最良の道であるように思われる。

その上で再びハーマンに目を転ずると、〈オブジェクト指向存在論〉は相関主義批判というより、その先に構築される形而上学に相当する。したがってハーマンは、自分自身は〈構築〉の側に身を置いてグラントの〈解体〉作業を批判しており、そこに一種の捻れが生じている。そこでたとえば、もし万が一、解体作業の過程である種の二元論を容認しているかのような見かけがグラントに生じるとしても、それは最終的にそれらを否定するためなのである。だからハーマンのように、この種の二元論を議論の前提としたままで、その撤廃にまで進まなければ、グラント自身の真意からは遠ざかることになる。

このようにハーマンとグラントとの間で〈解体〉と〈構築〉の対応関係に捻れが生じていることが、二人の話が噛み合わない最大の原因であるように思われる。しかし逆に言えば、この捻れそのものが最初に解消されるべきだ、ということにもなる。つまり、私たちはグラントの〈力能の存在論〉をハーマンの〈オブジェクト指向存在論〉と比較すべきなのである。すでに述べたように、グラントの〈力能の存在論〉は十分に詳細に展開されているわけではない。それにもかかわらず、この捻れが解消されるだけでも、最低限のという限定つきではあるにせよ、必ずしも不毛でない対話が両者の間に成立しうるのではないだろうか。たとえば、グラントの〈力能の存在論〉において〈オブジェクト〉は解体されているのであろうか。ハーマンの〈オブジェクト〉と完全には同一視できないとしても、グラントの〈力能の存在論〉においては〈自然そのもの〉による世界の分節までもが否定されているわけではない。さらに言えば、この〈自然そのもの〉による世界の分節は、〈もの〉を〈もの〉として相互に区別するだけでなく、それらを相互に関係させる――無限に再分節・再関係させる――一種の特殊な因果関係という意味ももっているように思われる。他方ハーマンの〈オブジェクト指向存在論〉においても実在的オブジェクトの間に成立する一種の因果関係として〈代替因果（vicarious causation）〉が重要な主題とされている。それ以外にも〈魅惑〉や〈退隠〉などの〈オブジェクト指向存在論〉に固有の概念と思われるものも、グラントの〈力能の存在論〉側に――一致するとまでは言わないとしても――対応する概念を見出すことができないかどうかは――おそらくハーマンでもグラントでもない――私たち自身がよく考えてみなければならない問題であろう。

（23） グラント『シェリング以後の自然哲学』一〇―一一頁、参照。

いずれにしてもグラントがあの短い応答のなかでハーマンに言いたかったのは、結局私が今述べたようなことではなかったかと推察する。つまり、ハーマンの〈オブジェクト指向存在論〉と比較・対照されるべきであるのは、相関主義批判ではなく〈力能の存在論〉そのものだ、というのが、この応答の主旨だったのではないだろうか。〈オブジェクト指向存在論〉においては〈力能〉の問題はどうなっているのかと問いかけ、まさにそれが〈代替因果〉が問題となる箇所だと述べるとき、[24]グラントが暗示していたのは、そのような本来の対決の場であったように思われる。グラントの言葉を借りれば、そこにおいてこそ「私たちの意見の相違[25]」は問題とされうるのである。――しかしそうであるならばアンソロジーの要旨もまたこの点にふれるべきであったろう。

（24） Grant, "Mining Conditions," p. 46.
（25） Ibid., p. 41.

第五章　思弁的実在論から加速主義へ——ブラシエとグラント

一　問題と構成

　ここで私は〈加速主義〉そのものというよりは、むしろ〈加速主義〉との関係において捉えられた〈思弁的実在論〉に焦点をあて、この問題について常日頃考えていることを、できるかぎり簡明に述べてみたい。専門的になりすぎないよう心掛けはするものの、言わんとすることがうまく伝われば、今度は別の意味で本章の一部——あるいはもしかするとその全体——を受け入れがたく感じる読者もいるかもしれない。もっとも万が一そういう事態が生じたとしても、書き手の側からすれば、そのような帰結はこの企ての——最低限のという但し書きはつけざるをえないにせよ——成功の徴と受けとめてもかまわないであろう。

　本章の問題意識は単純である。それは〈近年における加速主義への注目の高まりは、思弁的実在論に関する私たちの既存の理解に何らかの修正を迫るのかどうか〉というものである。この問いに私は肯定的に答えたい。その際、〈加速主義〉と〈思弁的実在論〉をいわば双子の関係にあるものと解し、その上で〈加速主義を考慮に入れるとき、これまで十分に光をあてられてこなかった思弁的実在論の一面——ブラシエとグラント——にあらためて目を向けざるをえなくなる〉という見通しを立てる。この展望を堅持したまま、その視圏のなかで、〈思弁的実在論〉に関する私たちの既存の理解を修正する必要が生じる、と私が考える理由を、順を追って説明するのが以下の諸節の役割となる。

　第二節は導入である。〈思弁的実在論〉の歴史を回顧し、〈思弁的実在論とは何か〉という問いが今もなお立てられざるをえない理由をあきらかにするとともに、その解決の糸口を探る。

　第三節は本論である。第二節の問題提起を受け、その解決に向けて〈思弁的実在論〉のオリジナル・メンバー四人の相互関係の再把握を試みる。具体的には四者の関係を〈静態的《スタティック》なもの〉ないし〈原子論的《アトミスティック》なもの〉としてではなく、〈力動的《ダイナミック》なもの〉ないし〈弁証法的《ディアレクティック》なもの〉として把捉する。これは本章全体にとって基礎となる枢要な議論である。

　第四節は結論である。第三節の考察を通して捉え直された四者の関係をもとに、さらに〈思弁的実在論〉の外部にまで視野を広げ、その哲学的故郷をニック・ランドの初期思想のうちに見出す。これは本章の主張そのものである。

　第五節は補足である。出発点に戻り、〈思弁的実在論〉に関する既存の理解を再度私たちのそれと対比してみる。それは予想される反論を前もって退け、この解釈がもつ積極的意義を強調して、第四節の結論を補強するためである。

二　加速主義から思弁的実在論へ

双子の星

〈思弁的実在論〉はそれ自体としては短命なムーブメントである。楽屋裏での準備の後、二〇〇七年にロンドンで〈思弁的実在論〉と題されたワークショップが開催される。周知のように、その記録が雑誌『コラプス』に掲載され、インターネット上で公開されると、それは意外にも大きな反響を呼び、当時急速に普及しはじめていたブログ・メディアを通じて、この仮想空間は〈思弁的実在論〉をめぐる議論で騒然となる。しかし第二回のワークショップが二〇〇九年にブリストルで開催される頃には〈思弁的実在論〉は解体の兆しを見せはじめ、その報告書を兼ねたアンソロジーが刊行された二〇一一年には早くも終息を迎えつつあった。この崩壊を象徴する出来事は第二回のワークショップへのメイヤスーの不参加であり、〈思弁的実在論〉をめぐる質の低い議論の乱立に端を発するブラシエとハーマンの不和である。特に〈思弁的実在論〉運動など存在しないというブラシエの発言は事実上〈思弁的実在論〉の終焉を公に宣言するものにほかならなかった。

　ところでこのような〈思弁的実在論〉をめぐる一連の騒動の傍らにはつねに〈加速主義〉があった。第一回のワークショップの報告が掲載された『コラプス』は、〈思弁的実在論〉のホームグラウンドとも言えるが、その名の通り加速主義的な理念を明確にかかげていた。また二回目のワークショップの報告書を兼ねたアンソロジー『思弁的転回』には、左派加速主義を標榜するニック・スルネックがハーマンらとともに編者の一人として名前を連ねていた。もっともまだそこでは〈加速主義〉は〈思弁的実在論〉の周囲に位置づけられているように見える。しかし二〇一〇年には〈加速主義〉の最初のカンファレンスが、奇しくも〈思弁的実在論〉の最初のワークショップがおこなわれたのと同じロンドン大学のゴールドスミス・カレッジにて開催される。二〇一三年になるとスルネックはアレックス・ウィリアムズとともに「加速派政治宣言」を発表する。こうして加速主義は徐々に存在感を増し、一〇年代の思想界の前景へと歩み出てくるのである。

このように当初から〈思弁的実在論〉は〈加速主義〉と近しい間柄にあった。そのことは関係者には自明だったはずだし、今振り返ってみるとなぜそれがもっと注目されなかったのか不思議な気がする。しかし〈思弁的実在論〉に対する関心が強ければ強いほど、かえって両者の関係は見えにくくなるということだったのかもしれない。

月の裏側

〈思弁的実在論〉の二枚看板はメイヤスーとハーマンであった。それまで無名の存在だったメイヤスーは〈思弁的実在論〉の花形と言えるだろう。デリダ亡き後の大陸哲学の次世代のホープとしてメイヤスーは熱狂的に迎えられた。彼の『有限性の後で』は現代哲学の新しいバイブルと見なされ、その辞書までもが出版された。また知る人ぞ知る存在だったハーマンも一気に知名度を上げ、〈オブジェクト指向存在論〉の名のもとに多くの支持者を集めた。その華々しい活躍の陰でブラシエとグラントは一部のマニアックな読者を引きつけるにとどまり、関心のそとに追いやられこそしなかったものの、彼らに対する注目の度合いはメイヤスーやハーマンに比べるとはるかに低かったと言わねばならない。そのためであろうか、〈思弁的実在論〉はメイヤスーとの関係で言えば、ポスト構造主義、あるいはハーマンとの関係で言えば、現象学派と結びつけられ、それ以後に現われた新しい動向として一般に認知されることになる。

　ところで、いかなる思想運動に対してもいくつかの理由によって――典型的なのは理解を目的としてであろう――〈そもそもそれは何か〉という問い（本質への問い）が生じざるをえない。〈思弁的実在論〉の場合には、その爆発的流行と唐突な幕切れがこの一般的傾向に拍車をかけた。さらに〈思弁的実在論とは何か〉という問いには、四人のオリジナル・メンバーの関係をどのように捉えるのかという問題が結びついていた。そしてこの問いに答えようとすると、そこには先に述べたような事情が重力のようにはたらいたのである。たとえば〈思弁的実在論〉の概説書としては最も早いピーター・グラットンの『思弁的実在論――問題と展望』（二〇一四年）を見ると、そこにもメイヤスーとハーマンの優位という先の構図が影を落としている。というのも、そこではメイヤスーとハーマンが順に単独で扱われたあと、ようやくグラントとブラシエが登場するが、あたかも中心から周辺へと移動していくかのように、この二人は他の同時代の思想家との関連のなかで論じられるからである。

四葉のクローバー

〈思弁的実在論とは何か〉という問いの前には先のブラシエの発言が立ちはだかる。この事情を最も深刻に受けとめたのは当事者自身であった。ハーマンが〈思弁的実在論〉の入門書[1]を出版したのは比較的最近（二〇一八年）のことであるが、それ以前から彼の基本的な考えは固まっていたようである。というのも、すでに『思弁的転回』においてハーマンは、おそらくスティーヴン・シャビロの見解[2]──それによればグラントとハーマン、メイヤスーとブラシエが同じグループに分類される──を念頭に置いて、それに対する反対意見を述べていたからである[3]。

すなわちハーマンは四者を並立的に捉えつつ、〈思弁的実在論〉を実体のないたんなる名前と見なす。〈相関主義批判〉を四人の共通項として取りだし、〈思弁的実在論〉をこの共通項を表示するブランドネームとして保持する一方で、四人の間に実質的な連関を認めず、それぞれが最初からあった対立を次第に激化させてゆくだけの将来を思い描くのである。ブラシエの発言と〈思弁的実在論〉の解体の事実とを重く受けとめるなら、四人のメンバーは本質的にばらばらなものと見なさざるをえない。先の入門書においてハーマンは四人をアルファベット順に並べ、それが最初のイベントの発表順でもあったことを強調している。しかしなぜ〈思弁的実在論〉をたんに名目上のものと考えなければならないのか、なぜ〈思弁的実在論〉は彼の言葉で言えば〈オブジェクト〉たりえないのか、その論理的な根拠は判然としない。

同じ事実をふまえながら、異なる対応をしているのがレオン・ニエモチンスキーの『思弁的実在論概説』[4]（二〇一七年）である。ブラシエの代弁者をもって任ずる彼は〈思弁的実在論〉の概説書であるにもかかわらず、ハーマンを脱落させるという大胆な決断をしている。こうした態度はあきらかに党派的であり、いずれにしても問題を孕むと言わざるをえない。しかしこの無謀な試みには四人の関係性を考え直すためのヒントも含まれている。というのも問題となっているのが四人の関係であり、〈思弁的実在論〉の内部構造であるならば、その構造化を諦めているハーマンに対し、ニエモチンスキーには――彼自身は実行していないけれども――ブラシエを中心にそれを再構造化する可能性が見出されるからである。とはいえ「あらゆる限定は否定である」という古い教えを思い起こすならば、その際ハーマンを排除する必要は必ずしもないだろう。

三　ブラシエとグラント

稲妻の形

再構造化にあたり最初に注目したいのはメイヤスー、ハーマン、グラントの影響関係である。彼

（1）グレアム・ハーマン『思弁的実在論入門』（上尾真道・森元斎訳）人文書院、二〇二〇年。
（2）スティーヴン・シャビロ『モノたちの宇宙――思弁的実在論とは何か』（上野俊哉訳）河出書房新社、二〇一六年、一二三頁。
（3）Harman, "On the Undermining of Objects," pp. 21–22.
（4）Leon Niemoczynski, *Speculative Realism: An Epitome*, Leeds: Kismet Prerss LLP, 2017.

らの間に思想上の影響関係と呼べるものは見出されるだろうか。そうだと答えるのは難しいように思われる。二〇〇七年のロンドンワークショップ以前、三人は互いに面識はなかった。なるほどハーマンにかぎって言えば、メイヤスーやグラントが彼の著作を通してその思想を知りえた可能性はないと言えない。とはいえ、メイヤスーの『有限性の後で』やグラントの『シェリング以後の自然哲学』にハーマンの痕跡はない。彼らの思想的ルーツが異なり、関心領域もほとんど重ならないことを思えば、それも当然かもしれない。また最初のワークショップ以後、メイヤスーとグラントを相手にインタビューや〈対話〉がハーマン主導でおこなわれている。しかしメイヤスーとグラントの間で同様のことがおこなわれたという話は聞かない。ただこのインタビューや〈対話〉においても、インタビュアーとしてのハーマンの力量を認めるのに吝かではないが、互いの思想的立場の再説に終始し、これを機縁として思想そのものの交錯が生じたという実感はない。つまり彼らがこれによって思想上の深刻な変化を被ったり、劇的な進展を見せたりしたという感触はないのである。たしかにブラシエらとの交流がなければ、ハーマンがラブクラフトの怪奇小説のようなモチーフを取り上げることはなかったかもしれない。けれども穿った見方をすれば、影響といってもその程度でしかないという言い方もできよう。しかし今は先の三名に話を限定するならば、いずれにしてもその思索の道は交差することなく、最初の出会い以前から今に至るまで各人が固有の形而上学的ヴィジョンを維持したまま、独自の道を歩んでいるという印象を拭い切れない。

他方、ブラシエだけは例外であるというのが私の見解である。ただ〈影響〉という表現は必ずしも適切でないかもしれない。ここで私の言いたいのは、ある一時期にブラシエを〈場〉として三者の思想が交錯したということだからである。その〈場〉あるいは、そこで生起する〈出来事〉こそが〈思弁的実在論〉だったのではないだろうか。最初のワークショップが企画された時のことを思い起してみよう。そうするとそこで中心的役割を果していたのはまぎれもなくブラシエである。発案そのものはブラシエとハーマンの会話のなかでなされたのかもしれない。しかしすでにその時、ブラシエはグラントの仕事を知っており、その上でその内容にハーマンが関心をもつのを期待しつつ、参加者の候補にあげていた。さらにその後、パリ旅行の際にブラシエは書店で偶然メイヤスーの『有限性の後で』の見本を見つけ、この未知の人物をワークショップの参加者に加えることを思いつく。この提案にハーマンが賛同したことから、ワークショップは実現したのである。仮にもしハーマンが完全に主導権を握っていたならば、同じ顔ぶれにはならなかったかもしれない。

恐竜の背骨

一見あまり本質的とは思われない事情に立ち入ったのは、ブラシエの『ニヒル・アンバウンド』には、このような経緯が反映されているように思われたからである。ハーマンは多作であり、最初のワークショップ以前に重要な著作をすでにいくつか発表していた。他方、グラントとメイヤスーはワークショップの前年に最初の著書を出版したばかりで、それ以前には面識はなかったのだから、この二人の著作に互いの影響が見られないのも不思議ではない。しかしブラシエの場合、いささか事情は異なっている。まずグラントの『シェリング以後の自然哲学』とメイヤスーの『有限性の後で』の後に『ニヒル・アンバウンド』は刊行されている。しかも『ニヒル・アンバウンド』には

――ハーマンやグラントはともかく――メイヤスーとの対決の跡が鮮明に刻印されている。というのも、すでに発表された論考をもとにブラシエの著作の大部分は構成されているが、メイヤスーを扱った章の短縮版がワークショップの直前に『コラプス』に発表されているからである。要するにパリでメイヤスーを発見したあと、ブラシエはこの章を書き上げ、ワークショップ後に著作の一部として正式に公刊したということになる。同時にブラシエはメイヤスーの著作の翻訳も手掛けていた（二〇〇八年刊）。『コラプス』掲載のワークショップの報告と並んで、この英訳もまた〈思弁的実在論〉とメイヤスーの名前を世間に浸透させるのに大いに貢献した。

こうした事情を概観しただけでも、オリジナル・メンバーのなかでブラシエが極めて特殊な位置を占めていることがわかる。というのも他の三者と異なり、ブラシエのみが他のメンバー、つまりメイヤスーの思想をみずからの著作のうちに、その一部として組み込んでいるからである。しかもブラシエの著作にとって『有限性の後で』におけるメイヤスーの思想は周辺的なものではなく、その主要な主張を導き出す上で欠くことのできない前提を形づくっている。というのも、ブラシエはこの著作のなかでメイヤスーの〈祖先以前性〉の思想を裏返しにすることによって彼自身の〈絶滅〉の思想を展開しているからである。つまり、ブラシエの著作の価値は、一つにはおそらく世界ではじめてメイヤスーに一章を割いたということにあろうが、それにとどまらず、さらにメイヤスーとの対決を通して固有の形而上学的ヴィジョンを提示したことにもある。このときブラシエを〈場〉としてメイヤスーとの間に二つの思想の交錯が生じているとは言えないだろうか。

底の無い底

　ブラシエがこのようなことをなしえたのはどうしてなのだろう。その理由は第一にブラシエ自身に求めなければならない。ブラシエはフランスの現代思想の最前線に目を配りながら、それとの批判的対話を通してみずからの思想の展開の可能性を探っていた。『ニヒル・アンバウンド』にはバディウやラリュエルなど、ドゥルーズやデリダ以後のフランス現代思想の担い手たちとの対決が含まれている。このような人々の最先端にメイヤスーが位置しているとすれば、ブラシエのアンテナがいずれメイヤスーをキャッチするのも時間の問題だったかもしれない。メイヤスーは新しい時代の幕開けを告げ、バディウやラリュエルとは比較にならないほど大きな衝撃をもたらした。これほどの反響をブラシエは予想しなかったかもしれない。とはいえ、たまたま出くわした無名の新人の著作を手にとり、即座にその価値を認めたのは並々ならぬ鑑識眼と言わざるをえない。しかしその〈新しさ〉を洞察しようにも、それは何らかの下準備なしには不可能であるように思われる。

　そのためには現代思想のこれまでの展開と課題とを熟知していなければならないし、彼自身の問題意識とメイヤスーのそれとがどこかでふれ合わなければならない。それだけで十分とも言えようが、私たちの問題に引き付けるなら、どうしても気になるのは、ハーマンと並んでグラントがワークショップの参加候補として名前が挙がっていたということである。その場合ブラシエは――ハーマンのみならず――グラントの著作の内容も念頭に置きながら、メイヤスーを読んだという可能性はないだろうか。そしてそのことがワークショップへのメイヤスーの起用を決める要因の一つとしてはたらいたということはないだろうか。

グラントの思想的立場はメイヤスーのそれとはかけはなれているように見える。メイヤスーの批判する「主観主義的形而上学」（シェリング、ドゥルーズなど）をグラントは擁護しているし、バディウの数学主義をメイヤスーは継承しているが、そのバディウをグラントはさまざまな観点から批判している。しかしメイヤスーの名前とともに定着し、のちにハーマンによって〈思弁的実在論〉の公理と見なされる〈相関主義批判〉に注目するならば、この最も重要な概念において両者——ハーマンを含めると三者——は互いに接近する。たしかにメイヤスーの〈相関主義批判〉はよく練り上げられ、非常に洗練されている。しかしメイヤスーの専売特許のように見なされているこの批判は——〈相関主義〉という用語こそ用いられておらず、より荒削りの状態においてではあるけれども——グラントにもほとんどそのままの形で見出される。〈ほとんどそのままの形で〉というのはハーマンとの比較で言われている。というのも、カントに端を発する二段階の〈相関主義〉という歴史像——これはメイヤスーの〈相関主義批判〉の重要な構成要素である——までもがグラントには見出されるからである。

グラントによるポスト・カント主義（相関主義）批判をブラシエは知っており、したがってこれを背景としてメイヤスーの〈相関主義批判〉を読むことができたはずである。もちろんこのようなことはたんなる憶測にとどまる。しかしメイヤスーだけではなく、旧知の仲であるとはいえグラントもまた思弁的実在論者としてはブラシエによって見出されたのである。[3]〈思弁的実在論〉と呼ばれるものが、ハーマンとの緊張関係のなかでブラシエがメイヤスーとの対決を通して自身の思想を展開するところに成立しているのだとしても、今述べたような意味で、その底にはさらにグラントが潜んでいたとは考えられないだろうか。

四　蠅の王

ランド

ここまではその陰の面《ダークサイド》に着目することによって〈思弁的実在論〉の既存の理解がどのように変化しうるのか、主にその内部にのみ視野を限定して述べてきた。それによって私があきらかにしようとしたのは、〈思弁的実在論〉にはブラシエとグラントによって構成される――たんなる陰の面という言葉では表わしきれない――いわば一種の下部構造のようなものがあり、この下部構造がある種のダイナミズムをもたらし、全体に一つの構造を与えているということである。そこで次に目を向けたいのは、この〈思弁的実在論〉の下部構造そのものがどのような土壌の上に成りたっているのか、ということである。このように視線を外部にまで広げると、どうしてもニック・ランドが視野に入ってこざるをえない。

毀誉褒貶が相半ばするこの人物のプロフィールについては簡単にふれるにとどめたい。私たちに

(5)　ロンドン思弁的実在論ワークショップにおいてグラントはブラシエに、自分の著作に対する最初の批評であると驚きつつも感謝の意を表わしている。Cf. Brassier, Grant, Harman and Meillassoux, "Speculative Realism," p. 321.

とってさしあたり重要なのは、九〇年代のウォーリック大学においてのちに〈加速主義〉と呼ばれることになる思想を唱えたこと、同僚のセイディー・プラントとともに、のちには一人で〈サイバネティック文化研究ユニット〉（CCRU）という組織を率いたこと、その周りにランドに魅了された信奉者が多数集まったこと、そしてこのサークルの活動を通して彼の影響を受けた人々がさまざまな分野の第一線で今もなお活躍を続けていること、などである。このような人々のなかには『資本主義リアリズム』で知られる文化批評家の故マーク・フィッシャーやKode9の名で知られるHyperdubレーベルを主宰するスティーブ・グッドマンをはじめ、哲学者にして小説家でもあるレザ・ネガレスタニ、アーバノミック出版の編集長ロビン・マッカイなどがいる。先に名前を上げたスルネックのように間接に影響を受けた人々まで含めれば相当の数になろう。

言うまでもなく、私たちのブラシエとグラントもともにCCRUのメンバーであった。しかしそれは過去の経歴以上の意味をもっているのであろうか。九〇年代のランドの〈加速主義〉と〈思弁的実在論〉はどのような関係にあるのだろうか。

ブラシエ

ブラシエの現在の立場は〈プロメテウス主義〉として特徴づけられる。ブラシエによれば〈プロメテウス主義〉とは「私たちが何を成しうるか、あるいは、どのような仕方で私たちが自分自身や私たちの世界を変えうるのか、ということについて、前もって定められた限界を想定する何の理由もない(6)」という主張である。これはブラシエ版〈加速主義〉の表明と見なしうる。事実、この論文

「プロメテウス主義とその批判者たち」は加速主義に関する論集に収録されている。

しかし『ニヒル・アンバウンド』はよりいっそうランドの初期思想との親和性が高い。特にテクノロジーを加速させることによって到来する資本主義の〈外部〉が人間性の彼方においてのみ達成されるとするランドの思想は、科学的認識を極限にまで押し進める啓蒙によって人間的生の無意味が人間の絶滅後の世界において暴露されるというブラシエの主張に受け継がれている。

もちろんこうしたことはこれまでも指摘されてきたことである。それに加えてここで私が強調しておきたいのは、ランドがオーソドックスな哲学のスタイルを逸脱し、次第にそのテキストも学術論文の体裁をとどめなくなっていくのに対し、ブラシエはあくまで概念的な精密さを重視し、オーソドックスな哲学のスタイルを維持している点である。

グラント

現在のランドとグラントの間には何ら共通点がないように見える。だがグラントがＣＣＲＵのメンバーであったという事実は揺るがない。ランドとは一歳しか違わないにもかかわらず、ウォーリック大学では師弟関係にあったグラントの博士論文はカントとリオタールに関するものだったと伝えられている。それに先立ってグラントはリオタールの『リビドー経済』とボードリヤールの

（6） Ray Brassier, "Prometheanism and its Critics," in: Robin Mackey and Armen Avanessian (eds.), *#Accelerate : The Accelerationist Reader*, Falmouth: Urbanomic, 2014, p. 470.

『象徴交換と死』を翻訳・出版しているが、ドゥルーズとガタリの『アンチ・オイディプス』と並んで、これらの著作はランドの〈加速主義〉に決定的影響を与えたと言われている。また現在入手可能なCCRU時代のグラントの論考は、ランドにとっても重要なインスピレーションの源泉であった『ブレードランナー』を扱っている。ポストモダン思想の入門書においても彼が「ポストモダニズムと政治」の項目を執筆しているという事実をこれに加えてもよいかもしれない。——このように列挙してみただけでも、現在の見かけに反してグラントがランドと思想的に近い関係にあったことが推察される。けれどもそれは過去の話であり、シェリング研究者としてのグラントはランドとはもはや無関係なのではないだろうか。

しかしこの点においてこそ重要な連関が見出される。初期ランドの〈加速主義〉の出発点はドゥルーズとガタリの〈脱領土化〉の思想であると言われている。ランドがそれを徹底し、純化しようとするのに対して、グラントはドゥルーズそのものへと向かう。しかしそれはドゥルーズを乗り越えるためにである。『シェリング以後の自然哲学』においてグラントがおこなっているのは、ドゥルーズ哲学の源泉の一つであるシェリングの自然哲学にさかのぼり、それによってドゥルーズとそのカント主義の残滓を除き去ろうとする試みであった。このことをふまえながら、九〇年代のランドの論考「死と遺る」を読むと興味深いことに気がつく。というのもそこでは、ドゥルーズをパリで流行している空虚なリベラル・ネオ・カント主義から救うために、ドゥルーズ自身がその伝統につらなっているシェリングの自然哲学(「非人称的な根底あるいは無差別の思想」)へと立ち返るべきだ、ということが提案されているからである。ランドが具体的にどのようなことを考えていたのかをこの箇所だけから読みとるのは難しい。しかしグラントの著作の内容を知っていれば、それをこの箇所で述べられているランドのアイディアの実践と見なすのはむしろ自然である。そうするとグラントはランドの残した遺産であるドゥルーズ解釈のプログラムを忠実に遂行していることになるだろう。

体系的な哲学思想がランドにあるとは言いにくいように思われる。だからこそランドの初期思想に厳密な哲学的表現を与えたという功績がブラシエには帰せられるのである。同じことがグラントにもあてはまるが、方向はちょうど逆向きである。初期ランドの哲学的アイディアを掘り下げるグラントの基礎工事の上に、ブラシエによってランド的終末論が、メイヤスーを媒介としつつ哲学的に厳密な工法によって組み立てられ、積み上げられたものが〈思弁的実在論〉ではないのか。このように〈思弁的実在論〉はその基底と背骨においてランドに接続している。グラントは跳躍板にとどまるが、ブラシエは跳躍する。ブラシエの意志によって〈思弁的実在論〉が生まれたのであれば、あたかも連続創造説さながらに、彼が意志するのを止めれば、それは無に帰するのでなければならないだろう。

(7) Iain Hamilton Grant, "LA 2019: Demopathy and Xenogenesis," in: *#Accelerate*, pp. 275-302.
(8) Iain Hamilton Grant, "Postmodernism and Politics," in: Stuart Sim (ed.), *Routledge Companion to Postmodernism*, London: Routledge, 2001, pp. 28-40.
(9) ニック・ランド「死と遣る――タナトスと欲望する生産についての所見」(小倉拓也訳)『現代思想』四七(一)、二〇一九年一月号、一五八頁。

五　ミネルヴァの梟

ここまで述べてきたように、〈加速主義〉と〈思弁的実在論〉を双子のように解し、ブラシエやグラントを中心に四人の相互関係を把握し直すという構想は、〈思弁的実在論〉の内部構造の再構築を経て、最終的にその最も重要な源泉の一つをランドの初期思想のうちに見出すに至る。あらかじめ断わっておくならば、このような解釈は可能というだけでなく、事実によりいっそう適合していると私自身は考えている。それにもかかわらず冒頭で述べたように、この種の理解に抵抗を感じる人もいるかもしれない。

第一に、このような仕方でブラシエとグラントを中心に据えて〈思弁的実在論〉の内部構造を再解釈してしまうと、結果的にメイヤスーとハーマンによる〈思弁的実在論〉への寄与を不当に低く見積もることになりはしないだろうか。あるいはそもそもそれ以前に、このような解釈は〈思弁的実在論〉の表と裏を反転させただけの堂々巡りであり、これまでの理解に比べて何ら前進したとは言えないのではなかろうか。

あらためて強調したいのは、私の解釈は〈思弁的実在論〉のたんなる反転ではなく、いったんハーマンによって分断された四者の関係を、ブラシエを中心として再構造化する試みだということである。一般的にハーマンやメイヤスーをどのように評価するのか、ということを問題にしたいのではなく、したがって〈四者の思想を個別に、あるいは任意の組み合わせにおいて、考察することに何の意味もない〉と主張したいのでもない。ひとたび〈思弁的実在論〉という枠組を設定してしまえば、そのなかで彼らが単純に並立していることはありえず、そのかぎりにおいて枠組ありのこの問題設定は枠組なしの先の問題設定と両立しえない、と言っているにすぎない。たしかに本章では〈思弁的実在論〉におけるメイヤスーやハーマンの位置づけを詳しく論じることはできなかった。しかし再解釈をほどこされた〈思弁的実在論〉の磁場のなかでは、たしかに中心とまでは言えなくとも、メイヤスーのみならずハーマンも一定の役割を担っており、少なくとも彼らの存在は無視されてはいない。それどころかある意味ではハーマンは、最初のワークショップの企画に携わりながらも最終的にブラシエに排除されるが故に、〈思弁的実在論〉にとってメイヤスーとはまったく異なる、しかも場合によってははるかに重要な意義をもっているとも言えるのである。

第二に、ブラシエとグラントを中心に据えたこのような再解釈は、二一世紀における現代思想の寵児とも言うべき〈思弁的実在論〉を、大陸哲学の辺境《ディアスポラ》の地に生まれたアーティスト崩れの大学院生の集団と得体の知れない教祖《グル》に由来するものとしてしまい、結果としてその哲学的学説としての品位と信用とを著しく傷つけることになるのではあるまいか。

この種の反論に対しては〈思弁的実在論〉は出自によってではなく、哲学的思考の質によって評価されるべきであると主張したい。そのような規準に照らしてみた場合に、ブラシエとグラントが一定の水準に達しているのはおそらく間違いないし、メイヤスーやハーマンに比べて格段に劣っているとも言えないだろう。このことを前提した上で、それにもかかわらずあえてここで強調したいのは、実はこの出自のほうである。イギリス哲学の伝統は今もなお存続しているのかもしれない。しかし初期のランドとその周辺の人々は直接にその種の伝統につらなろうとはしない。彼らが半身をひたしているのは、隆盛を極め威容を誇った二〇世紀後半のイギリスのポップカルチャーであるように思われる（直接間接にその影響を被っていない人が現代にどれだけいるのだろうか）。ドゥルーズとガタリに代表されるフランスのポスト構造主義も、ここから一定の距離を保って眺められているのではないか。ただし彼らが身を沈めているこの土壌は必ずしも判読可能な文字によって書かれているわけではない。ランド自身はその境界を自在に行き来し実験をくりかえすアウトサイダーであった。〈思弁的実在論〉はその大地から身をもたげる恐竜のように、この文化の黄昏にあってそれを反省し尽そうとする。その反省の水準が哲学にまで昇華するところに〈思弁的実在論〉が出現する。神話はいつまでも哲学の母である。だとすれば、〈思弁的実在論〉は哲学の本道を歩むものと言わなければならないであろう。

第三部

新しい実在論と二つの実存主義

第一章　新しい実在論——フェラーリス・ボゴシアン・ガブリエル

一　〈新しい実在論〉とは何か

マウリツィオ・フェラーリスとマルクス・ガブリエルの証言によると、〈新しい実在論〉とは二〇一一年六月二三日の昼、とあるナポリのレストランにて、彼自身が所長を務める国際哲学センターの発足を記念して開催が計画されていたカンファレンスのタイトルとしてどのような名称がふさわしいか、というガブリエルの問いかけに応じ、フェラーリスが発案したものである。

当人達もたびたび注意しているように、このとき話題となっていたのは、たんに彼らの頭のなかだけにしかない想念にどのような名前を与えたらよいのか、ということではない。フェラーリスやガブリエルがその一員をもって任じる既存の思想動向をいったいどのような名で呼ぶべきか、ということが問題となっていたのである。実際、二〇一三年の三月に実施されたカンファレンスの参加者は、彼らを含めると優に一五名を超える。その顔ぶれを見れば、ガブリエルのような若手はむしろ例外であって、フェラーリスをはじめとする中堅のベテラン勢を中心に、なかには大家と呼ぶほうが似つかわしい人々さえ含まれている。この事実は〈新しい実在論〉の起源が実はそれなりに古いことを示唆しているように思われる。だとするとナポリで問題となっていたのは、いわば一瞬歩みを止めて、ある程度の時間をかけながら成長してきた思想潮流の最後尾から振り返り、それに名前を授けることであったと言っても、さほど見当違いではないのかもしれない。

もちろんフェラーリスとガブリエルがいくら適切と判断したところで、先のカンファレンスの参加者の総数を考え合わせると、何の吟味もないまま、ただ一つの呼称が彼ら全員の見解を余すところなく表現できていると即断するのは、流石に憚られるだろう。その点を重々承知した上で、後の修正可能性の余地を残しつつ、ここではあくまで暫定的に、目下この思潮を牽引していると思われる人物、つまりフェラーリスとガブリエル、そこにさらにポール・ボゴシアンを加えた三人を主に念頭に置きながら、〈新しい実在論〉と呼ばれるこの動向の最大公約数的な特徴をあきらかにしてみたい。

二　ポストモダンの弁証法

フェラーリスによれば、哲学史を回顧してみると、観念論がその傾向を著しく激化させ極端に走るとき、それに対する反動としていつも実在論が現われてきた。今ここで問題となっているのもその種の実在論の一つであるなら、その意味では〈新しい実在論〉も格別、目新しいとは言えないかもしれない。しかしこのように実在論や観念論として等し並みに扱われるものも、未知の歴史的状況に面し、それとの思想的格闘を通してバージョンアップをくりかえしてきたのだとすれば、観念論が新しく生まれ変わるのに応じて、実在論もそのつど新しく生まれ変わってきたと言えるだろう。だがそうすると特定の実在論の内実は、それが前提している観念論との関係を抜きにしてはとても十全には理解しえないように思われる。

では〈新しい実在論〉の前提、つまりその反動の相手となった観念論とはいかなるものなのだろうか。その観念論は一般にポストモダンという名前で知られている。しかしポストモダン思想の多様性や時には相矛盾する性格を考慮すると、それを一括りに観念論と呼ぶのは余りに乱暴と感じられるかもしれない。そのような疑問に対しては、ここで問題となっているのはポストモダンについて語る際に無視できない一つの顕著な思想傾向、すなわち〈真理ないし事実についての社会構築主義〉と呼ばれる思想傾向である、とひとまず答えておきたい。

構築主義の起源はカントの観念論にある。カントによれば、自然界は統覚の総合的統一のもと、私たちに与えられる認識の素材に直観および悟性の形式が付与されることによって成立する。そのかぎりにおいて全部が全部というわけではないにせよ、自然界は私たちによって構築されるものと解されている。もっともカントの場合、この構築の作用には二重の制限が加えられていた。第一に、この構築される現実の背後に〈ものそれ自体〉が——たとえ私たちによって認識されないとしても——考えられていた。第二に、この構築のはたらきは私たちと同じタイプの理性的存在者にとって必然であり、私たちによる自由な改変を許さないものとして捉えられていた。しかし私たちと同じタイプの理性的存在者にのみ普遍的に妥当するということは、絶対的な意味では普遍的に妥当しないということである。そこでまず〈ものそれ自体〉を除去し、次いでこの後者の面を拡大解釈するところに、ポストモダンの〈真理ないし事実についての社会構築主義〉が成立する。それによると、一般に真理や事実と見なされているものは、社会――ある偶然的規範を受け入れている共同体――にとってのみ真理ないし事実であり、そうであるがゆえに原理的に改変可能である、というのである。このような立場は「事実そのものはなく解釈だけがある」という周知のスローガンへと集約される。

このようなポストモダンの主張はそれを生み出さざるをえなかった歴史的状況と密接に関わっている。西洋文明の中核を形づくってきた価値や規範が疑問視され、実際に揺らぎはじめるとともに、その内と外に他なるものが一斉に出現してくる。あきらかな理論的困難を抱えるにもかかわらず、社会構築主義が人々を魅了したのは、それがこれら他なるもののための、典型的には〈抑圧されている人々〉(マイノリティ)のための解放の理論と見なされたからである。たまたま所属せざるをえなかった共同体の規範に異議を唱え、それを変更しうるための理論的支柱を与えうるかのように、それは見えたのであった。ところがフェラーリスの強調するように、メディア社会の到来とともに「事実そのものはなく解釈だけがある」というスローガンはもはやたんなるスローガンではなくなってしまう。すると、その内部では解放どころか、ただ抑圧だけが猛威を振るうこととなった。この社会は真実や事実そのものなどとはいっさい無縁の、あらゆるものが権力者の意のままに真理や事実となる魔法の空間と化したのである。――この事態が一般に〈ポストモダンの弁証法〉と呼ばれるものにほかならない。弁証法と言われるのは、解放をもたらすはずの運動がそれとは正反対のものへと変わってしまったからである。

三　〈新しい実在論〉の第一の特徴——反構築主義

この〈ポストモダンの弁証法〉のもたらした暗澹たる結末が一種の引き金となって、かねてからこの種の動向に懸念を抱いていた人々の不満が一気に爆発するところに生じた反構築主義の運動——それが〈新しい実在論〉であるとさしあたりは言えるだろう。

しかしこのように〈新しい実在論〉がポストモダンに対する反対運動であり、そのポストモダンの核心が構築主義に見てとられているとすれば、そこからおのずと〈新しい実在論〉の主張の基本線も導き出されてくるように思われる。つまり〈新しい実在論〉はポストモダンの構築主義の理論的基盤の脆弱さを暴き、決して私たちによって構築されたのではない何らかの事実が存在することをあきらかにしなければならないのである。ガブリエルはこのような〈新しい実在論〉の根本原理を「いずれにしても何らかの事実がある」と定式化するとともに、それに〈事実性からの論証〉という名称を与えた。

反構築主義と〈事実性からの論証〉とは〈新しい実在論〉の最も重要な特徴である。もし何か一つだけ〈新しい実在論〉の特徴をあげなければならないとしたら、これを外すわけにはいかないと言えるほどの重みをそれはもっている。メイヤスーらの思弁的実在論と比較した場合、〈新しい実在論〉の特徴はどこにあるのか、というのは頻繁にたずねられる問いである。実を言うと、どのような観点をとるかによってこれら二つの立場は非常に近接する場合もあり、明確に区別するのが容易ではない一面を備えている。しかしフェラーリスのように、それぞれが何に対する反対運動なのかということに着目して、思弁的実在論を反相関主義、〈新しい実在論〉を反構築主義として互いに識別するのは、有効な手段の一つであるというだけでなく、ことがらの本質にも適っているように思われる。

四 〈新しい実在論〉の第二の特徴——デカントとフーカント

さてそのフェラーリスにはデカントとフーカントという一見ユーモラスな造語がある。前者はデカルトとカント、後者はフーコーとカントを組み合わせたもので、それぞれコギトと世界、知と権力の関係を表わしているとされる。しかし双方にカントの語が組み込まれていることからもわかるように、この造語からは〈新しい実在論〉が分離不可能な二つの問題系のうちを動いているということも読みとられる。伝統的な言い回しを用いるなら、デカントと呼ばれる問題系は〈新しい実在論〉の理論的関心の、フーカントと呼ばれる問題系は実践的関心の別名と言えるだろう。そうすると〈新しい実在論〉の第二の特徴として指摘しなければならないのは、ここではデカントとフーカント、つまり理論的関心と実践的関心が互いに切り離されることなく緊密に結びついている、ということである。

もっともこれは第一印象に反するように思われるかもしれない。むしろ〈新しい実在論〉においてはもっぱら理論的関心だけに重きが置かれているのではないだろうか。たしかにボゴシアンやガブリエルなどの〈新しい実在論〉の代表的論客は、思弁的実在論のオリジナルメンバーの一人であるメイヤスーと同様、ポストモダンの典型的な文体への反発から、修辞的技巧を極力排した抽象度の高い論証の形式を好む傾向がある。またガブリエルの著作の読者ならば、最終的な意図が今一つ不明瞭なまま、現実離れした思考実験が矢継ぎ早に繰り出されるのに閉口したこともあるかもしれない。

しかしいっそう注意深い読者であれば、極度に抽象的な議論や思考実験の合間に、いわば唐突に政治的話題が挿入されるのに驚かされたり、あるいは、そのような議論や思考実験そのものに政治的含意が隠されているかのような、一種奇妙な感覚に襲われたりしたことがあるのではなかろうか。実のところ、これは作者の気紛れや読者の気のせいなどではなく、理由があって実際にそうなっているのである。私たちは〈ポストモダンの弁証法〉が〈新しい実在論〉の重要な成立動機であることを指摘した。この原点に忠実であろうとすれば、〈新しい実在論〉においてデカントと呼ばれる問題系（理論的関心）がフーカントと呼ばれる問題系（実践的関心）につねに従属していたとしても、決して不思議ではないのである。

五　フェラーリス、ボゴシアン、ガブリエル

フェラーリスとボゴシアンはともに一九五〇年代の後半生まれであり、一九八〇年生まれのガブリエルとは二〇以上の年齢差がある。先の二名はイタリア人とアメリカ人という相違こそあれ、いずれもポストモダンの全盛期を身をもって体験し、その結末までもつぶさに目撃した世代に属する。しかも彼らは比較的初期の段階からポストモダンに漠然とした違和感を覚えていた節がある。それに比べると、いくら早熟とはいえ、ガブリエルが彼らと同じ実体験をもちえたはずはない。むろんこれは必ずしも弱みではない。というのも、このような世代の相違のゆえにガブリエルはフェラーリスやボゴシアンの思索の成果を十分に活用しうるからである。

フェラーリスとボゴシアンはそれぞれ大陸哲学と分析哲学の伝統を体現している。フェラーリスは大陸哲学の遺産の発掘に赴き、反カント主義的な実在論の見本としてシェリングの積極哲学を再発見すると、補修や整備を加えた上でポストモダン以後の文脈のなかによみがえらせる。これに対してボゴシアンはポストモダンの思想家の個別のテキストではなく、構築主義の主張そのものに向かい、再構成された議論を手術台に据えると、鋭い分析のメスを用いてあざやかな手つきで解体してゆく。

ガブリエルが二つの哲学的伝統のバイリンガルであることは夙に有名である。内容の面から言え

ばガブリエルはフェラーリスに親近し、方法の面から言えばボゴシアンの影響下にある。しかしガブリエルにとって重要なのは、ボゴシアンを経由してフェラーリスへと回帰するという運動である。この迂回の有る無しの意味は大きく、これによってガブリエルのシェリング的実在論はフェラーリスのそれとは別人のような風貌を備えることになっている。

六　〈新しい実在論〉の第三の特徴——ポストモダンの完成

〈新しい実在論〉にとってボゴシアンの重要性はいくら強調しても強調しすぎることはない。フェラーリスと対比すると、その意義が際立ってくる。フェラーリスの〈新しい実在論〉は彼が批判する構築主義の反対案にとどまる。あたかもフェラーリスと構築主義との間に一本の線が引かれ、こちらにフェラーリス、あちらに構築主義が陣取っているかのようである。議論の応酬はあるにしても、立場そのものは没交渉である。ところがボゴシアンの場合はそうではない。というのも、ボゴシアンが論証しようとしているのは、いかなる構築主義もそれ自身、絶対的事実なしに成立しえない、ということだからである。このとき絶対的事実と構築主義とはもはや分断されてはいない。むしろ構築主義の底に、その前提として絶対的事実がなければならないのである。

ボゴシアン自身は構築主義の解体に徹し、彼独自の〈新しい実在論〉を樹立するまでには至らない。なぜそうなのかについては今はふれないとして、いずれにしてもここには、次第に深まり行く構築主義の自己解体の果てに、それらを成り立たせている絶対的事実に基づく〈新しい実在論〉が立ち現われてくる可能性が示唆されている。この方向へとガブリエルは進んだと思われる。しかしそのような実在論は、もはやポストモダンと対峙する実在論ではなく、ポストモダンを否定しつつうちに包む実在論であろう。

こうして〈新しい実在論〉の第三の特徴について語ることができる。〈ポストモダンの弁証法〉のなかで死産した〈他なるものの解放〉という当初の意図を救済し、実在論の基盤の上であらためて実現しようとするというのがそれである。しかしこのような特徴はフェラーリスやボゴシアンにおいてはいまだ顕在化していない。それならば、それを〈新しい実在論〉そのものの特質とは見なしえないのではないだろうか。こうした反論がなされるなら、それに対しては、そもそも〈新しい実在論〉はポストモダンに対する反対運動だったのではないか、と反問したい。というのも、この運動はいつ完成するのだろう。ポストモダンを攻撃の標的と見なし、みずからのそとへと完全に排斥しつくしたときだろうか。むしろそれをみずからのうちに包含し、それとの統合を果たしたときなのではないか。言いかえると、ポストモダンの成し遂げられなかった意図を救い上げ、たとえ別の軌道上であれ、それを現実のものとするときなのではないか。

七　日本のポストモダンへ

ガブリエルの〈新しい実在論〉は〈新しい実在論〉そのものではない。なぜなら〈新しい実在論〉はポストモダンの構築主義に対する反対運動だからである。あたかも太平洋上に忽然と発生した巨大台風のように、それはフェラーリス、ボゴシアン、ガブリエルを呑みこんで急成長していく。その全容を体感するには少なくとも、ガブリエルの『なぜ世界は存在しないのか』だけでなく、ボゴシアンの『知への恐れ（Fear of Knowledge）』、フェラーリスの『新しい実在論宣言（Manifesto del nuovo realismo）』にも目を通す必要があるだろう。幸いいずれも、必ずしも専門家を対象として書かれたわけではない個性あふれる魅力的な著作である。

　ところでフェラーリスは〈新しい実在論〉を念頭に置きながら、『共産党宣言』の「幽霊が出没している」という有名な一節を引用している。ポストモダンが独自の発展をとげた我が国でははたしてどうであろうか。ここでもこの新しい幽霊の気配は感じられるだろうか。

第二章　ガブリエルとポストモダン――ボゴシアン『知への恐れ』評によせて

一　ガブリエルのポストモダン批判

マルクス・ガブリエルをあらためて紹介する必要はないだろう。『なぜ世界は存在しないのか』を読んだ人であれば、〈新しい実在論〉を語る際に、ガブリエルがポストモダンを引き合いに出して、それをポストモダン以後の哲学として誇示していたことも覚えているだろう。たとえば、次のように言われていたのだった。

本書の第二の基本思想は、新しい実在論です。ここで言う「新しい実在論」は、いわゆる「ポスト・モダン」以後の時代を特徴づける哲学的立場を表わしています。(1)

ここで念頭に置かれているポストモダンとはいったいどのようなものなのだろうか。またそれに対してガブリエルはどのような態度をとっているのだろうか。本章が考察したいのは、主にこの二つの問いである。しかしこのような問いに答えるのは容易《たやす》いのではないか。というのも、ガブリエル自身がポストモダンとは社会構築（構成）主義であり、現実を幻想に変えてしまうゆえに、それは忌避されるべきだと言っていなかったろうか。とはいえ私たちの疑問はそう簡単には消え去らない。社会構築主義によってポストモダンの内実は汲み尽くされているのだろうか（両者は外延を等しくしているのか）。ガブリエルがポストモダンを〈批判〉しているのは間違いないとしても、〈批判〉ということの内実はどのようなものなのだろうか。

二　ボゴシアン『知への恐れ』

このような問題を考えるとき、避けて通れないのがポール・ボゴシアンの『知への恐れ』である。[2]ガブリエル自身のポストモダン理解には、アメリカ留学時代に出会ったこの書物の内容――それをガブリエルは草稿の段階で著者から聞くことができたのだった――が痕跡をとどめているからである。

（1）ガブリエル『なぜ世界は存在しないのか』二頁。
（2）ポール・ボゴシアン『知への恐れ――相対主義と構築主義に抗して』（飯泉佑介・斎藤幸平・山名諒訳）堀之内出版、二〇二一年。

現状の分析と哲学内部の亀裂

九〇年代アメリカのとある新聞記事によって『知への恐れ』は幕を開ける。そこで話題とされているのはアメリカ人の起源をめぐるズニ族の神話と考古学研究に基づく科学的知見との対立である。もっともこのような主題が取り上げられているのは、科学が数多くの世界認識の一つにすぎないこと、どんなものであろうとさまざまな認識方法の間に優劣の差はなく、それゆえ科学ですら世界認識のための手段として卓越した地位を占めるわけではないこと、そればかりか、こうした主張がいまや一つの有力な意見として、たんに大学の内部のみならず、広く世間一般の常識として定着しつつあること――このようなことを再確認するためなのである。この〈新しい常識〉に、つまり科学的知識に特権的地位を認めず、とうてい科学的と見なしえないものも含め、あらゆる知識を平等と見なす原則に、ボゴシアンは「平等妥当性」という名前を与えている。

このような理解がどうして広まったのかと自問して、ボゴシアンは二重の理由を、つまりイデオロギー的なものと知識論的なものを指摘している。つまり、「平等妥当性」のような考え方を歓迎する脱植民地主義の風潮と、旧来の知識観（事実に関する客観主義）に代えて新しい「ポストモダン的な」知識観を確立しようという野心とが合わさって、このような状況を招いたというのである。さてボゴシアンはもっぱら後者に狙いを定め、その新奇さを〈本質的に知識は偶然的な社会状況に依存している〉という見解（知識の社会依存性）に見てとる。ところで、このような新しい知識観のなかでも特に「社会的構成」の概念を用いて定式化されたバージョンが目下、最大の影響力を誇っている。この〈社会構築主義的な知識理解〉に従えば、社会的に構成されているという意味においいて、あらゆる知識は個々の社会に固有の偶然的文脈に依存している。しかし偶然的条件に知識が服しているのなら、私たちにとって知識であるものがズニ族にとって知識でないということも十分に考えられる。このようにして先の「平等妥当性」の原則を理論的に支えているのは社会構築主義的な知識観であるということがあきらかになる。

いかに影響力があるとはいえ、必ずしもすべての人がこのような見解を受け入れているわけではない。この種の、いわば時流に逆らう人々の代表としてボゴシアンがあげているのは——自然科学者ではなく——彼自身もその一員であるアメリカの大学に籍を置く専門の哲学者、つまり分析哲学者たちである。もちろん彼とて、アメリカの分析哲学者たちが決して一枚岩ではないこと、それどころか哲学の伝統に助けを得ながら、社会構築主義的な知識論を支持・推進してきた複数の典型的人物がいる、ということを知らないわけではない。しかしあえてこのように言うのは、現状をボゴシアンが次のように想い描いているからであろう。すなわち彼のイメージによれば、新旧二つの知識像をめぐる亀裂は、アメリカではあくまでも哲学科の内部から発して人文学部へ、さらには大学を経て（＝サイエンス・ウォーズ）、大学の外部へと拡大していったのである。——これほどまでに広範囲に及ぶ分裂と対立を背景にしながら、ボゴシアンは〈このような直観に反する奇妙な意見が人々に広まったのはなぜか〉と問う。

基礎概念の提示と構築主義の区分

構築主義的な知識観の診断に着手するにあたり、同書ではいわゆる分析哲学的手法がとられている。つまり、問題とされている主張を概念的に再構成した上で、それが正しい論拠や手続きに基づいているか否かが仔細に検討されるのである。ただしボゴシアンは即座に仕事に取りかからずに、いったん〈知識とは何か〉ということにまでさかのぼり、それを起点としながら、知識に関する古典的描像がどのようなものかを確認した上で、それとの対比において新しい知識像（社会構築主義的知識像）の特徴を描き出している。彼の説明は委曲を尽くしたものだが、ここでは間を端折り、結論のみを見ておこう。

ボゴシアンによれば、知識に関する古典的描像と構築主義的描像の相違は次の三つに集約される。第一に、世界の大部分が（世界に関する）私たちの信念から独立しているか、それとも私たちの社会的文脈に依存しているか――前者の説をとれば、たとえ思考する者がいなくとも世界は現今の性質の大部分を依然として所有しているが、後者の説をとれば、すべての事実が私たちの偶然的な関心を反映する形で構成されている（事実に関する構築主義）。第二に、なかでも特に〈ある情報が私たちの信念を正当化する〉という事実に注目しよう。すると〈この特定の事実が私たちの共同体の関心から独立しているか、それともそのような関心を反映しているか〉という対立がまたしても見出される（正当化に関する構築主義）。第三に――たとえば、明るい場所で柴犬の特徴をもつ犬を目撃した場合のように――適切な状況下で証拠に接しているなら、それだけで自分の信念の理由を説明しうるのか、それだけでは不十分で加えてさらに社会的理由を持ち出さなければならないのか（合理的説明に関する構築主義）。ボゴシアンはこの三つの論点に即して順に構築主義を考察しているが、同時に、第三の論点は第二の論点の変形であり、第二の論点は第一の論点に帰着すると述べ、第一の論点の第一である所以を説明している。

ちなみにボゴシアンは、先の脱植民地化時代の風潮に関する自説を補足するように、社会的構成において偶然性が強調される理由を推測して、次のように述べている。それによれば、典型的な社会構築主義が〈事実は社会集団によって作り上げられる〉というだけでなく、〈事実はその社会集団の偶然的な利害と関心を反映する形で作り上げられる〉と主張するのは、これによって不当に抑圧されてきたものの解放の〈好機《チャンス》〉が到来するからである。実際、揺るぎようのない事実と見なされていたものについて、その偶然的由来が暴露されるならば、この事実は途端に揺らぎ出すだろう。

二つの事実——構築主義とその難点

事実に関する構築主義に戻ろう。事実を構成するといっても、どのようにしてであろうか。この種の問いに対しては、社会構築主義者の間に〈記述によって〉という共通了解が見出される。つまり事実を記述する話し方や考え方を受け入れることによって私たちは事実を構成するというのである。これを〈事実の記述依存性〉と呼ぶならば、それには大きな問題が潜んでいる。大統領や貨幣などのように、私たちの記述なしにありえない事実があるのは確かである。しかし山や恐竜や電子などを含め、ありとあらゆる事実が記述に依存しているというなら、それは行き過ぎである。なるほど社会集団によって同一の事実が異なった仕方で記述されるというのはごくありふれた現象である。しかしたとえこのこと（記述の社会相対性）を一般化してみたところで、あらゆる事実が記述に依存しているという結論（事実の記述依存性）が得られるはずはない。〈記述の社会相対性〉から〈事実の記述依存性〉は導き出されないのである。

それだけではない。この問題についてネルソン・グットマンのように、星々の集まりのなかから特定の星を選出し、その配置に注目することによって星座が構成されるように、事実は構成されるのだ、と考えてみよう。切り分けによって事実が構成されるという意味で、ボゴシアンはこれを〈クッキーカッター型構築主義〉と名づける。このような考え方に従えば、カッターによって切り分けるための生地がつねに必要になる。するといつかどこかで世界の基礎的な生地の存在を認めざるをえないが、これは〈すべての事実が構成されている〉という前提に反する[3]。

そこに登場するのがリチャード・ローティの〈相対主義的構築主義〉である。このポストモダン流のグローバル相対主義は、〈事実に関する語り〉を〈任意の理論的枠組み（言語ゲーム）に従えば、物事がどのようにあるのか〉という語りにすぎないと見なす。こうして〈世界についての特定の語り方と相対的に世界は特定のあり方をしている〉ということになるが、すべてはこの言語ゲームのなかの出来事であり、私たちはそのそとに出ることができない以上、〈心は世界の基礎的生地から記述によって事実を構成する〉などという言説は単純に無意味となる。

ボゴシアンによれば、〈ローティの相対主義的構築主義〉は〈クッキーカッター型構築主義〉の根本的欠陥を克服する、より洗練された構築主義である。しかしそれにも問題がないわけではない。というのも、Ｐという絶対的事実はなく、特定の理論的枠組みと相対的にＰだと言えるにすぎないならば、後者の形式の絶対的事実があると認めているということになりはしないだろうか。もしこれにイエスと答えれば、自己自身の見解を否定することになり、ノーと答えれば、この事実そのものが特定の理論的枠組みと相対的に成立していることになり、これは無限に続く。要するに、ローティの〈相対主義的構築主義〉も、グットマンの〈クッキーカッター型構築主義〉と同様に、ジレンマに行き着かざるをえないのである。

知への恐れ

事実に関する構築主義だけでなく、正当化および合理的説明に関する構築主義についても詳細な検討を加えた上で、ボゴシアンは、いずれも正当な論拠に基づいているとは見なしえないと結論づけている。すると最初の問い――いったいなぜこのようにそれ自体として不合理で直観に反する見解が執拗に唱えられ、ついには人口に膾炙するまでに至ったのか――が舞い戻ってくる。脱植民地主義や多文化主義を背景に、抑圧された文化や人々を種々の偏見から守る理論的根拠たりうるからだと、またしても言うのなら、それに対しては、このような実践的動機が正しいとして、社会構築主義はそれに寄与しうるのか、と問い返すことができるだろう。むしろ逆効果ではないだろうか。なぜならば、事実に関する社会構築主義は二つの陣営の間の合理的対話を、したがって抑圧された

(3) 紙幅の都合で省略したが、ボゴシアンはこのタイプの構築主義についてさらに因果の問題（原因が結果の後にやってくる）・概念能力の問題（電子などのように構成されたのではないことがその概念に含まれているものがある）・意見の不一致の問題（ある事実に関して同時にPでありかつPでないということが成立する）という三つの難点を指摘している。ボゴシアンによれば、ローティの相対主義的構築主義はこれらの難点を一気に解決するという点においても、クッキーカッター型構築主義よりもはるかに洗練されている。

人々が権力のある人々を批判することまでも不可能にするからである。それによってもたらされるのはよくてせいぜい、問題のある見解が権力のある人々によって唱えられるなら批判し、抑圧された人々によって唱えられるならば批判しないというダブルスタンダードだろう、とボゴシアンは言う。

知識に関するこのような見解はなるほど人々を鼓舞するかもしれない。知識が知識という身分をもつのは、それが偶然的な社会的価値によって認可されているからにすぎない、ということになれば、同じ社会的価値を共有していないというだけで、その知識をお払い箱にできるからである。合理的対話に基づく相互批判を最初から回避してしまう、このような態度をボゴシアンは「知への恐れ」と名づけ、皮肉たっぷりにそれを「知による解放に抵抗しなければならないという感覚」と言いかえている。

三　ガブリエルのボゴシアン理解

よほど印象深かったのか、ガブリエルはドイツへ帰国したあとボン大学の同僚であるイェンス・ロメッチュとともに、この書のドイツ語版に携わっている。もっとも翻訳を担当しているのはもっぱらロメッチュであり、ガブリエルは後書を寄せているにすぎない[4]。とはいえ、その内容が興味深いのである。

ガブリエルはボゴシアンの『知への恐れ』を一つの時代精神の終わりと新しい時代精神のはじま

り、つまり、ポストモダンの終わりと〈新しい実在論〉のはじまりと解している。ボゴシアンがアメリカ人の起源をめぐるズニ族の神話と考古学的知見の対立から話を説き起こし、一つの新聞記事に脱植民地化時代のアメリカ合衆国における知的状況を集約させていたとするならば、それと同じ役割をガブリエルは、デヴィッド・クローネンバーグの映画『エム・バタフライ』の主人公ガリマールの運命に担わせている。ガリマールは異国の文化に惹かれ、間違った博愛主義からいくつもの自己欺瞞を重ね、最後には自分を見失って破滅するが、それとヨーロッパの運命とが重ね合わされているのである。

事実性に基づく論証

ボゴシアンの論証の眼目は、絶対的事実を前提することなしに自身が成立しえない、ということに直面して、クッキーカッター型および相対主義型という二つの構築主義が自己破綻してしまう、という点にあった。ガブリエルは、あくまでもこの点をふまえながら、同時にそれをさらに〈移行〉としても捉えている。つまり、ガブリエルによれば、絶対的事実の承認とともにポストモダンは自己を否定し〈新しい実在論〉へと蝉脱しなければならないのである。この移行の運動はガブリエルの目にはおそらく次のようなものとして、つまりポストモダン的な社会構築主義が自己吟味を

(4) このドイツ語版への後書(マルクス・ガブリエル「あとがき――終幕、そして幕開け」)は日本語版の『知への恐れ』(二〇九―二三八頁)に併録されており、簡単に読むことができる。

介して絶対的事実の岩盤の上に成立していることを見出すという、そのようなヘーゲル的な過程として映っているのではないかと、私自身は疑っているが、それはさておき、この〈移行〉においてポストモダンと〈新しい実在論〉という二つの立場をいわば弁証法的につないでいる論証――「いずれにしても何かが事実である」という根本思想――にガブリエルは〈事実性に基づく論証〉という呼称を与えている。

ところでガブリエルは、ボゴシアンの著作と相前後して刊行されたカンタン・メイヤスーの『有限性の後で』（原著二〇〇六年刊）にも同じような〈事実性に基づく論証〉を見出している。だとすると〈事実性に基づく論証〉には、ガブリエル自身の手になる〈新しい実在論〉のバージョンもありうるだろう。すなわち〈事実性に基づく論証〉には、ボゴシアン、メイヤスー、ガブリエルのそれを個別事例とするような、より普遍的性格が認められるわけである。ここからひるがえって見るとボゴシアンの著作は〈事実性に基づく論証〉を、言いかえると、〈ポストモダン以後の実在論のための基礎理論〉を純粋に形式的に展開したものということになるだろう。二〇歳を過ぎたばかりのシェリングが『独断論と批判主義に関する哲学的書簡』においてカントの批判哲学を将来の形而上学（絶対的なものの哲学）の一般理論と見なしたことが想起される。つまり、カントの批判哲学は、その上にどのようなタイプの形而上学が構築されるか――つまりシェリング自身の観念論的なものか、あるいはスピノザの実在論的なものか――にかかわらないニュートラルなもの、いずれにも等しくあてはまる純粋に形式的な議論を提示したものと考えられたのだった。

絶対的事実の複数性と自然科学との競合

もっともこのような理解はボゴシアンの著作の実情に即していない。つまり、必ずしもその内容は一般理論という形式的なものの枠内にきれいに収まっていないのである（カントの批判哲学にしても、それは同じことだろう）。この点はガブリエルも承知しており、だからこそ、そこからはみ出す内実は〈過剰反応《オーバーリアクション》〉として、つまり、ガブリエルの目からは一線を踏みこえたもの（カント風に言えば〈越権〉）として捉えられている。しかしこのように否定的なレッテルを貼り付けられているにもかかわらず、〈過剰反応〉と呼ばれているものの内実に目を向けるならば、そこに見出されるのは、ガブリエルにとっても決して重要でないとは言えない示唆の数々である。つまり、ある意味でガブリエル自身の〈新しい実在論〉を先取りするものを、この〈過剰反応〉は含んでいるのである。

以下、代表的なものを列挙するならば、ボゴシアンの〈事実性に基づく論証〉は絶対的事実を一つに限定するのではなく、むしろ複数の領域に複数の絶対的事実がありうるということを暗示している（ボゴシアンによるパトナムの小さな世界への言及）。また事実に関する構築主義をめぐる考察において、キリンや山のような私たちが日常的に経験する対象が、そのままで絶対的事実である可能性が示唆されている（第四章の最終段落）、等々。しかしボゴシアンの立場からは、絶対的事実の存在は言えても、どれが絶対的事実であり、どれが絶対的事実でないのかは決定できない。〈絶対的事実がなければならない〉ということと〈これが絶対的事実である〉ということの間にはいまだ埋められないギャップがあるのである。そのため懐疑主義の反撃――結局のところ絶対的事実は知りえないのだ！――をかわすことができない（真理相対主義の擁護者ジョン・マクファーレンによるボゴシアン批判）。

懐疑主義の話題を介してガブリエルは次第にボゴシアンの死角に入りこんでゆく。ボゴシアンが科学的認識にシンパシーを感じていることはすでにふれた。しかし同時にボゴシアンは絶対的事実の存在を認め、なおかつ私たちが日常的に経験する対象がそのような絶対的事実でありうる可能性を否定していなかった。そうするとボゴシアンは自然科学との、あるいはより正確に言えば、自然主義的形而上学との競合に陥るのではないか、というのがガブリエルの主張である。というのも、自然主義的形而上学がいっさいの現象を基礎的な物理的対象に還元するなら、私たちの日常的に経験する対象は絶対的事実たりえないからである。のちにガブリエルは、その種の還元主義の一つであり、脳神経科学を拠り所として主張される最新のものを神経構築主義と呼んで批判することになるだろう。

四　ガブリエルとポストモダン——神経《ニューロ》構築主義との戦い

さてそうすると、私たちは非常に複雑な状況を前にしていることにならないだろうか。というのも、ボゴシアンの論証によってポストモダンは決して根絶されたわけではないからである。まずは先述した懐疑主義のいわばポストボゴシアン的形態に着目しよう。すると、絶対的事実があるということは言えるが、どれが絶対的事実かは知りえない、というボゴシアンの結論の盲点を突いて、ポストモダン的相対主義が息を吹き返すのは見やすい道理だろう（実際ガブリエルはデリダの名前をあげて、そこにポストモダンの反撃の可能性を見ている）。他方、神経構築主義に目を向けると、なぜこれがそのような名前で呼ばれなければならないのかをはじめ、ガブリエルの説明には理解しがたい点が多いのは否定できない。ただ、自然科学の立場に共感を覚える分析哲学者の一人であるがゆえに、かえってボゴシアンには見えていないものがあるのかもしれない。ポストモダンの問題をめぐってアメリカの知的風土は、ソーカル事件やサイエンス・ウォーズを引き起したが、社会構築主義的な思考は、次第に自然科学側の陣営にも知らず知らずのうちに浸透し、別の異端的形態をとりつつある、ということになるのかもしれない。

　とはいえ肝心なのは、この二つの立場、つまり再興するかもしれない懐疑主義と、猛威をふるう神経構築主義とが、ガブリエルにとっては、結局のところボゴシアンの〈事実性に基づく論証〉以後にポテンツを高めて再登場したポストモダン的なものだ、ということである。言いかえると、ガブリエルは、ポストモダンの時代を過ぎ去りつつあると見なしているのだが、しかし決定的に過ぎ去ったと考えているわけではなく、むしろ別の姿をとって息を吹き返している（吹き返すかもしれない）ポストモダン的構築主義との戦闘を継続しなければならないと考えているようなのである。だとすればガブリエルの〈新しい実在論〉は、ポストモダンの廃墟の上に建てられているのではなく、こうした新種の構築主義との対立においてはじめて具体的輪郭を得るようなものなのではないだろうか。

　ガブリエルの関心の所在が主に神経構築主義にあるのはあきらかだろう。そのかぎりにおいてガブリエルがみずから戦うべき相手と見なしている構築主義と、ボゴシアンにとってそうであった構築主義とは同一ではない。ガブリエルが明言しているように、そもそも神経構築主義はボゴシアンの念頭にはなかった。このようなずれを意識しながら、ガブリエルの視線移動を追尾しないと、彼の論旨は捉えにくいだろう。ガブリエルがポストモダンについて語る際にピントがずれているように感じられるのだとしたら、理由の一つはここにあるように思われる。

しかしガブリエルが、脳神経科学に依拠する自然主義的形而上学を構築主義の一種と見なし、神経構築主義というカテゴリーを新設してまで、ポストモダン的なものとの戦いを延長しなければならないのは、なぜなのだろう。それは、ガブリエルが自分自身の立場を説明するために、仮想敵として都合よく設えられた架空の存在、あるいは少なくとも非常に戯画化された存在でしかないのだろうか。悪しきレッテルを別のものに貼りつけることで同様のイメージを喚起する、という一種の詐術でしかないならば、このような行為はいわゆる藁人形づくりと疑われても仕方がないだろう。それにもかかわらず、ここで私たちはガブリエルの言葉を文字通りに受けとめてみたい。つまり、ポストボゴシアン的状況においてポストモダンの新しい反撃として現われる懐疑主義的ポストモダンと、なかでも特にポストモダンの変異株とも言うべき自然主義的ポストモダンとが、ガブリエルの戦うべき相手と見なされているのならば、それは、私たちが今もなおポストモダン的なものの圏域内にいるということなのではないだろうか。このような観点からすると、むしろ魚にとっての水という積極的な意味でポストモダンは〈新しい実在論〉のエレメントにほかならないとすら言えよう。

それはさておき、ガブリエルの批評はボゴシアンの『知への恐れ』の内容をふまえながら、このようにはるかその先にまで及んでいる。しかしそれを貫いて、クッキーカッター型と相対主義型という二つの構築主義を軸にしてポストモダンを捉えるというボゴシアンの基本線は、そのままの形でガブリエルに受け継がれ、彼のポストモダン解釈の背骨を成している。そのようなことも含め、この書がガブリエルのポストモダン理解だけでなく、さらにポストモダンとの関わりにおけるガブリエルの思想を正確に捉えようとする場合に、是非とも参照しなければならない文献である、ということは間違いないだろう。

五　ポストモダンとポストモダン以後

ここまで私たちが見てきたのは、主にゼロ年代の後半から一〇年代の前半にかけてのボゴシアンとガブリエルの思想である。しかし時は過ぎ、二〇二一年六月には〈新しい実在論〉も一〇回目の誕生日を迎えた。十数年前の思弁的実在論をめぐる熱狂も夢のように消え、まるで何事もなかったかのように静まり返っている。時の経過とともに、当初の衝撃に惑わされることなく、自然と距離を置いて眺められるようになると、ガブリエルやメイヤスーの反ポストモダン運動も、彼ら自身の発言に反して、それほど画然とポストモダンから分断されているわけではない、ということが感じられてくる。いわば全面的転換のように見えたものが、ポストモダンという背景から切り離されたたものではなく、その背景のなかに再び溶け込み、互いに互いを支えているように思われてくるのである。実在論運動は、ポストモダンに対する反動であるだけでなく、ポストモダンのもたらした課題を引き受け、それを解決するものでなければならない、ということは当初から言われていた。しかし分断されていないということの意味はどこまでも深めることもできるだろう。この年月はポストモダンとポストモダン以後を一つの視野のなかで見ることを可能にしつつあるように思われる。

第三章　いかにして哲学は現実に至るのか

一　二一世紀の哲学

『なぜ世界は存在しないのか』は、二〇一三年に刊行されるやいなや哲学書としては異例のベストセラーを記録し全世界を驚愕させた、哲学界の新星マルクス・ガブリエル（当時三三歳）の出世作である。

本書の内容を一言で言えば、それは現代に巣喰う「無意味」の底をぶちぬいて「意味」へと突破しようとする哲学的思索の努力と要約しうるであろう。

ガブリエルによると、私たちは二重の無意味にとりつかれている。第一に、自然科学的世界像が唯一正しいとされるものの、そこには人間の居場所がどこにもない。このような状況に面してポストモダンは、科学的世界像も含め「あらゆるものは幻想である」と主張した。しかし第二に、このように言うことによって、この立場そのものも一個の幻想と化してしまう。こうした二重の無意味に囲まれながら、私たちは意気消沈し、なす術を知らず相変わらず自然主義の抑圧に屈している。

この二重の無意味からの脱却の切り札をガブリエルは「世界は存在しない」という洞察に求める。これは「あらゆるものは幻想である」というポストモダンの主張を「世界は存在する」という「唯一の幻想」へと縮減することである。しかし「世界は存在しない」ならば、世界に関するいかなる像もありえない。それゆえ、自然科学的な世界像もなく、自然科学は世界についての理論であることを止めて、たんなる科学的探求へと引き戻される。

もっとも自然科学は世界像であるかぎりは間違っているが、事実そのものを捉えていないのではない。それどころかあらゆる場面において私たちは事実そのものにふれている。自然科学のみならず、あらゆる人間の営みは実在への通路なのである。これがガブリエルの「新しい実在論」である。それは「存在する」ということを「意味の場に現象する」ことと捉える一方で、これら無限の意味の場を包摂する最後の意味の場（世界）はないとするのである。「あらゆるものが存在する、ただし世界をのぞいて」。

究極の審級をもたない、多次元的で重層的な意味の場から意味の場への不断の移行が、私たちの生きている現実であり、しかもその一つ一つが実在そのものとの接触である。この観点からすると自然科学はたった一つの意味の場でしかない。これによってそれ以外の意味の場が、自然科学と平等の権利をもって息を吹きかえしてくる。ガブリエルが言うように、私たちの日常の些細な感情や他愛ない空想までもが、実在との関係においては自然科学の営みと同等のものである。それどころかそうした意味の場こそが圧倒的な数の的優位を占めているのである。

ガブリエルによれば、私たちの人生は、あらゆるものを唯一の観点から一元的に判定するための拠り所がそもそもないなかで、無数の意味の場をくぐりぬけながら自己自身を探求しつづけることである。ガブリエルはこのような人間のあり方を「精神」と呼び、その概念把握を試みているが、少なくとも本書（『なぜ世界は存在しないのか』）においては十分にそれに成功しているとは言いがたい。

それにもかかわらず本書の主旨は明白である。決定的とも見える自然主義の単独支配と絶望とに抗して、それからの脱出口を思考によって切り開き、多数の抑圧されたものどもにその内部にひそむ本来の力への自覚をうながしながら、ゆるやかな連帯を呼びかけるというのが、本書全体を貫く思考の運動の主旋律である。

しかもそこに哲学的思考そのものの新生というもう一つの旋律が重ねあわされる。実際これは他に類をみない哲学と現実の架橋の試みである。本書は平易な語り口のゆえに非専門家向きの哲学書と言われている。しかし要点はそこにはない。「新しい実在論」は思想そのものも、あらゆる事物と同じように現実に存在すると主張するのである。

まだならばとにかく手にとって、ページをめくってほしい。二一世紀の哲学とはどのようなものなのか。ここにはその答えの一つがある。

二　ガブリエルに関する三つの覚書

なぜガブリエルは注目されているのか

現代ドイツの哲学者と聞いて、いったい誰を思い浮かべるであろうか。ハイデガー、ガダマー亡き後、オリジナルな思想家として今なおワールドワイドに活躍しているのは高齢のハーバーマスくらいであろう。そのような状況にあって、次世代のドイツ哲学を担う人物として注目されているのがマルクス・ガブリエルである。

ガブリエルは一九八〇年生まれ、ボン大学の正教授（認識論／近現代哲学講座）であるとともに、同大学の国際哲学センターの所長も務めている。ガブリエルがボン大学の正教授に就任したのは弱冠二九歳の時であり、最年少の哲学教授としてドイツ国内で非常に評判となった。キャンパスでは学生に間違われることもあったという。

二〇〇九年に刊行されたスラヴォイ・ジジェクとの共著『神話・狂気・哄笑』[1]などのドイツ観念論の現代的解釈で一部の人々には知られていたガブリエルであったが、二〇一〇年代に入ると、彼は〈新しい実在論〉を唱えはじめる。なかでも『なぜ世界は存在しないのか』が出版された二〇一三年はガブリエルにとって重要な年であった。これはドイツ国内で哲学書としては異例のベストセラーを記録し、ガブリエルの名前を一躍有名にした。

基本思想と特徴

ガブリエルの哲学——これを彼は〈新しい実在論〉と呼ぶ——は二つの基本思想から成っている。一つは〈世界は存在しない〉（無世界観）というテーゼであり、もう一つは〈存在するとは意味の場に現象することである〉（意味の場の存在論）というテーゼである。

〈意味の場の存在論〉というのは、〈存在する〉とはどのようなことかという問いにガブリエルが与えている答えである。ガブリエルは「存在するということには、つねに何らかの場所の規定が含まれている」(2)と言う。つまり、存在するものは必ずかくかくしかじかの性質をもち、つねに何らかの意味の連関のうちにのみ存在する、というのである。このように「存在するものは、すべて何らかの意味の場のなかに現象」(3)するがゆえに、「「存在する」とは、何らかの意味の場に現象するということにほかな」(4)らない。

これに対して「世界とは、すべての意味の場の意味の場、それ以外のいっさいの意味の場がそのなかに現象してくる意味の場である」(5)。これは言いかえると「世界こそ、いっさいの物ごとが起こ

(1) マルクス・ガブリエル／スラヴォイ・ジジェク『神話・狂気・哄笑——ドイツ観念論における主体性』（大河内泰樹・斎藤幸平監訳）堀之内出版、二〇一五年。
(2) ガブリエル『なぜ世界は存在しないのか』一〇九頁。
(3) 同、一〇三頁。
(4) 同。
(5) 同、一〇九頁。

る領域にほかならない(6)」ということである。

しかし、このようにあらゆるものごとがそのなかで起こる世界それ自身はどこに存在しているのだろうか。ガブリエルの考えでは、〈どこに〉と〈ある〉は同じコインの両面なのだから、この問いは〈世界は存在しているのか〉と言いかえられるだろう。そこで「世界が存在しているとすれば、その世界はどのような意味の場に現象するのだろうか(7)」と問うことができる。けれども、そのような意味の場はないのである。

「世界は、世界のなかに現われてはこない(8)」。そのことから〈世界は存在しない〉という結論が導き出される。

世界は存在しません。もし世界が存在するならば、その世界は何らかの意味の場に現象しなければなりませんが、そんなことは不可能だからです(9)。

現代思想に与えるインパクト

〈無世界観〉と〈意味の場の存在論〉という二つの基本思想には、それぞれ〈自然科学的世界像〉と〈構築主義〉に対する批判が対応している。この二つの批判はともに広い意味で形而上学に対する批判と言うことができる。

ガブリエルによれば、形而上学とは「わたしたちにたいして現われているかぎりでの事物と、現実に存在している事物それ自体とのあいだに区別(10)」を想定し、「現実に事物がどのように存在しているのかを確かめるには、いわば認識のプロセスに人間が加えた作為のいっさいを取り除かなければならない[11]」とする立場である。これに対してポストモダンは、この構図をたんにそのまま反転させて「わたしたちにたいして現われているかぎりでの事物だけが存在する[12]」、「現われの背後には、それ以上のもの、すなわち世界ないし現実そのものなど存在しない[13]」か、かりに存在しているとしても「そのようなことはわたしたち人間には何の関係も[14]」ない、と主張する。ところがこれによってポストモダンは〈構築主義〉と呼ばれる一種の形而上学に陥る。「構築主義」とは「およそ事実それ自体など存在[15]」せず、「わたしたちが、わたしたち自身の重層的な言説ないし科学的方法を通じて、いっさいの事実を構築している[16]」とする立場である。

（6）同。
（7）同。
（8）同、一一〇頁。
（9）同、一一四頁。
（10）同、一〇頁。
（11）同。
（12）同。
（13）同。
（14）同。
（15）同、一一頁。
（16）同。

ガブリエルの〈新しい実在論〉は、たんに構築されただけにとどまらない事実それ自体を私たちは認識している――「それ自体として存在しているような世界をわたしたちは認識している」[17]――と主張することによって、構築主義（ポストモダン）の克服を目指す。このような立場をガブリエルは「人間の世界も、やはり世界それ自体の一部」[18]であるとか、「物それ自体が、すでに何らかの事実のなかに埋め込まれている」[19]とも表現している。

　ガブリエルのこのような反構築主義的な立場は、最近の実在論の動向――二一世紀に入ってからのいわゆる実在論的転回――と基調を等しくしている。そのような観点から言えば、ガブリエルの哲学に固有の特徴はむしろもう一つの批判のほうに、すなわち〈自然科学的世界像〉に対する徹底的な批判にあると言えるかもしれない。

　これによって批判されているのは次のような立場である。つまり「自然科学は、およそ現実いっさいの基層――ほかならぬ世界それ自体――を認識する。これにたいして自然科学以外のいっさいの認識は、自然科学の認識に還元されなければならない。あるいは、いずれにせよ自然科学の認識を尺度としなければならない」[20]とする立場である。しかし〈世界は存在しない〉という洞察はこのような立場の無根拠性を暴露する。なぜならば、「意味の場の存在論から導き出されたのは、およそ現実いっさいの基層――すなわち世界それ自体――などありえないということだったから」[21]である。

　こうしてガブリエルによれば、〈新しい実在論〉がポストモダン以後の哲学であるのは、何よりもそれが〈自然科学的世界像（＝観察者のいない世界）〉に典型的に見られるような近代的ニヒリズムに抗して、人生の意味への問いを私たちの手に取り戻そうとするからである。「自然科学的な世界像は、逆説的なことに、わたしたちにとって拠り所になろうとするからこそ、ほかでもない意味を世界から追放してしま[22]」った。これに対してガブリエルは、〈世界は存在しない〉という洞察を突破口として「人間が現に生きていることの意味への問い[23]」の次元を再び切り開こうとする。ガブリエルの〈新しい実在論〉が〈新しい実存主義〉とも呼ばれる理由の一つはここにある。

(17) 同、一三頁。
(18) 同、一五三頁。
(19) 同、一七五頁。
(20) 同、一五〇頁。
(21) 同。
(22) 同、二〇二頁。
(23) 同、二〇〇頁。

第四章 〈構成的退隠〉から〈無世界観〉へ——ガブリエルと形而上学

一 世界は存在しない

どのような名称をガブリエルの哲学に与えるべきであろうか。これは非常に悩ましい問題である。言うまでもなくその最たる理由は、彼の哲学が発展の途上にあり、今後どのような展開をとげるか予断を許さないからにほかならない。たとえば彼の〈二一世紀のための精神の哲学〉は〈新しい実存主義〉へと展開する気配を見せている。だがこれさえも彼の哲学の展開可能性のほんの一端でしかないだろう。このような状況を顧みるならば、彼の哲学の全体像について語るのは時期尚早であると言わなければならない。

それでは考察する時期の範囲をかぎってみたらどうであろうか。つまり現時点において彼の哲学をどのような名前で呼ぶのが最も適切なのであろうか。しかしこのように問いの範囲を限定してみても、簡単に答えが見つかるとも思われない。もちろんふさわしい名称としていくつか候補は考えられる。〈新しい実在論〉は一つの有力な候補になりうるであろう。ガブリエルの説明によると、

〈新しい実在論〉とは「わたしたちは物および事実それ自体を認識することができる[1]」と「物および事実それ自体は唯一の対象領域にだけ属するわけではない[2]」という二つのテーゼからなる。では〈意味の場の存在論〉はどうだろうか。〈意味の場の存在論〉とは、同じくガブリエル自身の説明によると、「およそ何かが現象している意味の場が存在するかぎり、何も存在しないということはなく、そこに現象している当の何かが存在している[3]」とする主張であり、端的に「存在すること＝何らかの意味の場のなかに現われること[4]」とも定式化されていた。ここにもすでに二つの名称の内実に微妙な〈ずれ〉が見てとれるが、事態はいっそう複雑にもなりうるようである。というのも〈新しい実在論〉というのは『なぜ世界は存在しないのか』の冒頭において二つの基本思想と呼ばれているものの一つであるからである。それと対をなすのが〈世界は存在しない〉という主張であった。また同書では――二つの基本思想との関係は明示されないまま――〈否定的存在論〉と〈肯定的存在論〉という別の区分も導入されていた。このとき前者の主命題とされているのは〈世界は存在しない〉であるが、後者の第一主命題は〈かぎりなく数多くの意味の場が必然的に存在する〉なのである。このような簡単な考察からも容易にわかることは、いずれの名称（あるいは区分）もガブリエルの思想をあくまでも一つの角度から捉えたものでしかなく、つねにそこからこぼれおちる側面が

（1）ガブリエル『なぜ世界は存在しないのか』一六九頁。
（2）同。
（3）同、九七―九八頁。
（4）同、九七頁。

ある、ということである。

とはいえ、このような名称や区分を列挙したのは、いまここでこれらの複数の側面の関係性を解きほぐし、現時点におけるガブリエルの思想の全体像をあきらかにしたいからではない。むしろこのような全体像に一気に到達するのは即座には困難であるということを確認するためであり、そのような認識のもとに、たんにその一側面のみを主題としたいからである。つまり、本章が取り上げるのは『なぜ世界は存在しないのか』で基本思想の一つとされ、〈否定的存在論〉の主命題とも呼ばれていた〈世界は存在しない〉という主張である。ガブリエルの思想そのものに多面性があり、いくつもの要素が複合的に絡みあって彼の哲学が構成されていること、しかも現在もなおその要素は追加・修正されつつあり、それにともなって彼の哲学の全体が再構築されざるをえないということ、あくまでもこのことを前提とした上で、〈世界は存在しない〉という一つの要素ないし側面のみをここでは考察したいと思うのである。

ここにさらに限定を加えたい。〈世界は存在しない〉という主張にはその論証がわかちがたく結びついている（『なぜ世界は存在しないのか』という表題はそのことを示唆しているであろう）。場合によっては、この種の論証にこそ先の主張の眼目があると考える人もいるかもしれない（何よりガブリエル本人がそうかもしれない）。というのも、証明が妥当性を欠くならば、この主張そのものが無意味になってしまいかねないからである。しかし本章では〈世界は存在しない〉という主張の証明については、あくまでもそれを副次的なものとして取り扱うことにしたい。つまり、本章では〈世界は存在しない〉という命題がいったいどのような内実をもっているのか、またそれによってどのような具体的な事態が考えられているのか、ということに解明の主眼を置きたい。その証明については完全には無視しないまでも、〈世界は存在しない〉という先の事態の解明のための一つの手段として捉えたい。このように〈世界は存在しない〉という事態そのものの解明に主眼を置くのは、非存在ないし無というのが――存在ないし有との関係においてどのように捉えることも可能であるという意味で――決して自明な概念ではないからである。非存在ないし無という概念は、たとえばギリシア語のウークオンとメーオン、あるいは虚無と空の差異のようなものまでも包括する広がりをもっているのである。

さて本章の構成は次のようになる。第二節では二〇一〇年の論文「構成的退隠としての世界」が取り上げられる。この論文においては〈世界は存在しない〉と言われるときの〈無〉が〈構成的退隠〉として説明されている。おそらくこれが〈世界は存在しない〉と言われるときの〈無〉の意味の原型であると思われる。したがってまずは〈構成的退隠〉という思想の概略を押さえておきたい。しかし二〇一六年の『意味と存在』第六節の註の一つでは〈構成的退隠〉の説について一見すると否定的なコメントがなされている。そこで第三節では二〇一六年時点で〈構成的退隠〉の説が撤回されたのか、それともたんに修正されただけなのか、もし修正されたのならどの点が修正されたのかをあきらかにするとともに、その上でそのような否定的発言の背景にあるガブリエルの形而上学批判の要点を押さえておきたい。というのも、この批判がハイデガーの形而上学批判ないし存在神論批判をふまえているのは言うまでもないが、それのみならずそこには同時にガブリエル独自のニュアンスも添加されているからである。そのような考察の結果として、二〇一〇年から二〇一六年にかけてガブリエルの思想的立場に一種の変化あるいはむしろ進展があったことが確認されるだろう。そこで第四節では、このような思索の進展を〈世界は存在しない〉と言われるときの〈無〉の意味の深まりと解し、そこにガブリエルのハイデガーからの離隔という事象を重ね合わせてみたい。

二 「構成的退隠としての世界」

構成的退隠

ガブリエルの論文「構成的退隠としての世界」は、総勢四〇人あまりが寄稿者として名前を連ねている『言い表わしえないもの——学問、芸術、宗教における非概念的なもの』と題する論集の第一部「命題的知識とその諸限界」に収録されている。すでにこの表題からも予想されるように、ガブリエルの論考も〈概念によって把握可能なものの領域をそもそも可能にしているが、それにもかかわらずそれ自体としては概念によって把握されえないもの〉という観点から世界の問題を扱っている。

この論文でガブリエルは、彼の読者にはすでにおなじみの手法で〈世界は存在しない〉という主張を披露している。その要点のみをくりかえすと次の通りとなる。すなわち、存在するもののすべては、私たちがそれに述語を与えることによってのみ、私たちにとって規定されたもの〈概念把握可能なもの〉となる。述語は一つの論理空間をその述語に属するものとそうでないものとに分割する。このようにして述語は対象領域を生み出すのである。諸事物は対象領域のうちに現われることによって、また対象領域は世界のうちに現われることによって規定されたものとなる。そうすると世界は〈あらゆる領域の領域〉であろう。それでは世界についてては、事態はどのようになっているのであろうか。もし世界が存在するならば、定義上それは何らかの対象領域のうちに現われなければならない。しかるに世界は〈あらゆる領域の領域〉なのだから、世界はいかなる高階の対象領域のうちにも現われることができない。したがって世界は存在しないのである。——この洞察をガブリエルは〈世界は世界のうちに現われない〉と一言に要約している。ここでこのような説を展開するにあたって、それをガブリエルがハイデガーの考察を再構成したものと述べている点は注目に値する。これについてはのちに再びふれるであろう。

叙述問題

さてこのように述べたあとでガブリエルは、この〈世界の不在〉の主張に関するありうべき誤解を取り除くために二つの論点、すなわち〈叙述問題〉と〈超越論的制約としての身分〉という論点を取り上げ、それぞれに説明を加えている。まずは〈叙述問題〉のほうからはじめよう。

〈世界は世界のうちに現われない〉というのは、「世界は私たちのアクセスから逃れ去る」[5]という

(5) *Markus Gabriel, "Die Welt als konstitutiver Entzug," in: Joachim Bromand, Guido Kreis (Hg.) Was sich nicht sagen lässt: Das Nicht-Begriffliche in Wissenschaft, Kunst und Religion,* Berlin: De Gruyter Akademie Forschung, 2010, S. 93.

こと、つまり、私たちの概念的理解の試みから世界はつねに脱去する、ということである。ここでガブリエルは、私たちによるこの概念把握を〈反省〉と呼んでいる。ただしここで言う〈反省〉は存在に対立している何ものかと解されてはならない。別の箇所で言われているように、「思考は決して存在に対立したものではなく、むしろみずからの内部における存在の折り重なりが思考なのである」[6]。そのような意味に解された私たちの〈反省〉において世界はつねに後景にしりぞく。端的に言えば「世界はこのような退隠にほかならない」[7]のである。ただしその意味は〈世界はこのような不在において、不在として現象する〉ということである。

このような事態をガブリエルは、W・ホグレーベにならって音響測探機の例を用いて説明している。ちょうど音響測探機のように、私たちは私たちの〈反省〉によって世界へと向けて意味論的な網を投げかける。その反応に基づいて私たちはそこに、どのような個別の述語によっても決して汲み尽くされない何ものかがある、ということを推論することができる。しかしそれにもかかわらず、私たちはそれが何であるのかは言えないのである。その意味において世界は「命題の形をもつアクセスから逃れるが、このアクセスによってそれにもかかわらずつねに経験される」[8]のである。

こうして私たちの手元にはいつも挫折した述語化の試みだけが、いわば〈反省〉の残骸だけが堆積してゆく。このような堆積の各層のうちに、世界は「たえず別の形態で現われ、いかなる形態であれ唯一の形態に固定されえない」[9]のである。そのような仕方で世界の現象はいわば逆説的に、このそのつどの現象が世界そのものではないことを告げ知らせる。「それゆえ世界自身は、再びこのようなたんに成功していると思われたにすぎない私たちの関わりの背景になることなしには、また私たちの関わりの対象にもなりえない[10]」のである。

超越論的制約としての身分

しかしこのような事態はたんに〈退隠〉というだけではなく、さらに〈構成的〉とも言われている。そのわけは、世界そのものがこのようにつねに背景に退くことによって前景が、つまり私たちの命題的理解の領域――「概念的に説明しうる領域[11]」――の構造化がはじめて可能になっているからである。そういう意味で〈世界の退隠〉はちょうどカントの意味における〈経験の可能性の制約〉に相当する。いわばそれはあらゆる「対象領域の可能性の超越論的制約」となっているのである。

そこで「世界の超越論的身分についての問い、つまり〈世界が対象領域の可能性の超越論的制約であるというのはどのようなことを意味しているのか〉という問いが立てられる[12]」。具体的に言え

(6) ガブリエル／ジジェク『神話・狂気・哄笑』一六―一七頁。
(7) Gabriel, "Die Welt als konstitutiver Entzug," S. 93.
(8) Ibid., S. 96.
(9) Ibid., S. 91.
(10) Ibid., S. 94.
(11) Ibid., S. 85.
(12) Ibid., S. 91.

ば、世界が「対象領域の複数性に先行するのか、それとも世界はさまざまな対象領域があるということによってはじめて後から、遡及的に生み出されるのか[13]」という問いである。しかしすでに見たように、存在は反省に対立するのではない。存在そのものの折り重なりが反省なのである。したがって厳密に言えば、私たちが意味論的な網を投げかける以前に、世界というものがどこかに私たちとは区別されて、あたかも泰然自若として私たちの〈反省〉を待ちかまえているのではない。この反省がトリガーとなってすべてはいわば無から生じるのであり、そのかぎりで反省のはたらきを取り除いてしまえばそこには何も残らないのである。

以前、ガブリエルはこのような事態を次のように説明していた。「絶対者が自らを顕現させるのは退隠においてだけであるが、この退隠は退隠よりも先に存在している何らかのものの退隠として実体化されてはならない[14]」、あるいは「何か規定的なものが存在するなら、同時に規定性の逆説的な無規定的条件が遡及的に生み出されている[15]」、と。二〇一〇年の論文では、〈世界の退隠〉はよりいっそう明確に「概念によっては固定しえない反省の一面」と呼ばれている。

反省の可能性の制約は、反省が生じるやいなや、そのときはじめて可能性の制約になる。……反省の可能性の制約はそれゆえ反省に先行するのではない。それは反省をいわば外部から制約しているのではない。それは反省の付随的効果として反省とともにはじめて現われるのである。……世界概念との対決とそれにともなう私たちの超越に起源をもつ構成的退隠は、私たちが対象領域についての理論を構成することによってのみ現象する。……この退隠する〈区別を可能にする次元〉は存在するのではなく、たんに退隠としてのみ現象する。このことが意味しているのは、ここで私たちが関わっているのは形而上学的原理、アルケーではなく、概念によっては固定しえない反省の一面である、ということである。[16]

世界の非存在はただこのような反省のなかでこの反省自体を構成する退隠として現象するのである。[17]

構成的退隠という用語の消滅

このように概念的に把握可能な領域を切り開く私たちの〈反省〉ないし〈超越〉によって、それ自体は概念把握されえないものとして背景に退きながら、〈世界〉あるいはむしろ〈世界の不在〉は他のあらゆるものを概念的に把握することを可能にしている。その意味で〈世界の不在〉は〈構成的〉である。ただしそれは〈反省〉のはたらきに、つまり私たちの〈超越〉に先立ってある、というわけではない。どこまでも世界を理解しようとする私たちの〈反省〉のはたらきこそが根幹に

(13) Ibid.
(14) ガブリエル／ジジェク『神話・狂気・哄笑』五三頁。
(15) 同、一〇五頁。
(16) Gabriel, "Die Welt als konstitutiver Entzug," S. 94.
(17) Ibid., S. 92.

あるのであって、その意味で〈世界の不在〉は〈反省〉のはたらきにとっては付随的なものなのである。この〈反省〉の運動の内部から事後的にその一要素として見られるもの、それが〈世界の不在〉、あるいはたえずしりぞいていく背景としての〈世界〉なのである。

このような〈構成的退隠〉の説は、二〇一〇年時点のガブリエルが〈世界は存在しない〉というテーゼによって具体的に念頭に置いていたものである。ある意味では（潜在的には）その後もなおそうであると言えるだろう。というのも、たとえば二〇一三年の『なぜ世界は存在しないのか』のなかで〈世界の不在〉をめぐってなされている発言の数々も、このような〈構成的退隠〉の説をふまえていないと理解しにくい場合が少なくないからである。しかし〈構成的退隠〉という用語が頻繁に登場するのは二〇一〇年前後にかぎられており、『なぜ世界は存在しないのか』を含め、その後は表立っては用いられなくなる。

それにはさまざまな原因が複合的に作用していると考えられるが、そのいくつかについて節をあらためて順に考えてみたい。

三　『意味と存在』第六節註九と形而上学批判

『意味と存在』第六節註九

二〇一〇年の「構成的退隠としての世界」では〈世界の不在〉つまり〈世界は存在しない〉とい

う事態は〈構成的退隠〉として説明されていた。言いかえると〈構成的退隠〉ということが〈世界は存在しない〉ということの具体的内実であった。しかし二〇一六年の『意味と存在』の第六節「無世界観」の註九には次のように書かれている。本文とともに引用する。

《本文》実は以前からそうであったのだが、〈対象性がまったく欠落している〉というのは〈私たちをパラドックスに巻き込む可能性のある《言い表わしえない、名づけえない対象》が間接的に暗示されている〉という意味ではない。そのような対象（形而上学の対象）はたんに存在しないのである[18]。

《註》以前、私は世界ないし論理空間を〈構成的退隠〉として理解しようとした。しかしこのような〔右の本文のような〕発言をすることによって私はこの試みからある程度逸脱してしまっている。いずれにしてもこの試みが、次のようなことを暗示する可能性があるならば、そのかぎりにおいて逸脱していると言えるだろう。つまり、世界ということで問題になっているのが、たんに〈示され〉うるだけで、簡単には〈語られ〉たり、〈討議され〉たりできない厄介な対象である、ということを暗示している可能性があるならば、そういうことになるであろう。それゆえ、このような対象に私たちが関わるならば、そのかぎりにおいてそれはパラドックスを生じさせる、と

（18） Gabriel, *Sinn und Existenz*, S. 229.

いうことになってしまう。しかしこのことは〈私たちがこのような対象に関わる以前には、あるいはそれから切り離されるならば、この対象そのものはパラドックスを免れているかもしれない〉ということを暗に意味している、ということにもなるのである。[19]

構成的退隠をめぐる諸問題

問題点を整理することからはじめよう。まず註を含めてこの発言の全体がグイドー・クライスに向けられたものであることに注意しなければならない。クライスによると「世界は存在しているが、厳密な意味で明確に論理的に述べようとすると、解決できない諸問題を提起する」[20]のである。また次のようにも言われている。

クライスは、矛盾に陥ることなしに私たちは世界を思考することができない、と考えている。しかしこのことからクライスは世界の非存在へと推論しようとはしない。むしろクライスは〈無限者〉に固執しようとする。この〈無限者〉は《否定的弁証法》の諸制約のもとでのみ――それゆえこの〈無限者〉を矛盾に陥ることなく思考しようとする私たちの試みが挫折するとき、この挫折においてーーおのれの姿を現わすのである。[21]

ここで問題となっているのは、次のような二重の思想である。第一に〈世界そのものは存在するのだが、私たちの言語はそれ自身の限界・制限のためにそれを捉えることができない〉という思想であり、第二に〈このような、それ自体は存在する無限者（世界）を言表しようとしても、その試みはつねに挫折せざるをえないが、しかしまさにその言表の挫折において無限者（世界）は自己を顕現させる〉という考え方である。ガブリエルが問題視しているのは、クライスのこのような立場が〈構成的退隠〉の説と外見上はほとんど区別がつかないということである。つまり、ガブリエルと同様にクライスも「矛盾に陥ることになしに世界を思考しえない」ということを出発点としながら、今度はガブリエルとは異なりそこから「世界は存在するが……」という結論を導き出す。そしてこのような結論に基づいて、その前提の上に結果的に、〈構成的退隠〉とほとんど見分けのつかない説を展開するのである。しかも注の引用部分の最後に言われているように、このような異論はガブリエルの大前提である〈存在と反省の非分離〉をも無効にしてしまう射程をもっているのである。

さて、このような異説を前にしてガブリエルは「そのような対象（形而上学の対象）はたんに存在しないのである」と言う。これはいったいどういう意図ないし意味で言われているのであろうか。ガブリエルの〈構成的退隠〉は〈世界は存在しない〉という前提によっても説明しうるが、他方においてクライスのように〈世界は存在する〉という前提に基づいて説明することも可能である。そ

（19）Ibid., S. 229–230Anm.
（20）Ibid., S. 230Anm.
（21）Ibid., S. 228.

うすると〈構成的退隠〉は、本当は〈世界は存在しない〉という主張と同一のレベルに位置しているのではない。むしろ〈世界は存在しない〉という言明は〈構成的退隠〉の説よりもいっそう根源的なレベルに位置づけられなければならないのではないだろうか。だとすると「そのような対象（形而上学の対象）はたんに存在しないのである」というガブリエルの発言は、このような根源的なレベルにおいてあらためて主張し直された〈世界は存在しない〉というテーゼであると考えなければならないだろう。私見によると、このようなより根源的な次元に移された〈世界は存在しない〉というテーゼが「無世界観（Keine-Welt-Anschauung）」であると思われる。ガブリエルは「これ〔クライスなど〕に対して無世界観が主張するのは、世界は原理的に存在しえない、ということである」[22]と言う。

振り返ってみると〈構成的退隠〉の説においてガブリエルは存在そのものから分離しえない〈反省〉の活動について語っていた。しかし〈無世界観〉において問題となっているのは、その〈反省〉が、つまり〈構成的退隠〉がそこから生起してくるもと、その意味では、根源的と言われていた〈反省〉の、さらにその奥に潜む〈直観〉である。たしかに〈無世界観〉という用語そのものは、世界観ないし世界像との関連を有し、そのかぎりで一面、〈世界が存在しない〉という見解という意味ももっているかもしれない。しかしここで私たちは«Anschauung»を文字通りの意味で〈直観〉として、すなわち「世界は存在しないという直観[23]」と解すべきではないだろうか。

このように〈無世界観〉の立場は〈構成的退隠〉によっては十全に言い表わしえなかった地点に達しているように思われる。その地点は〈構成的退隠〉を惹起する〈反省〉のはたらきの、さらにその奥底にある〈直観〉によって示されている。だとすると『意味と存在』における思惟の境位はその全体がこのような〈直観〉に支えられることによって成立していることになろう。

もっともガブリエルの思惟にこのような進展をもたらした動因を一つに絞る必要はないだろう。というのも、このような〈無世界観〉の立場は、クライスとの批判的対話を通じて明示的となっていったとも言えるが、そもそもガブリエルの思惟はそのような方向へと深まる必然性をもっていたとも考えられるからである。ここで私たちが念頭に置いているのはガブリエルの基本的動機とも言える形而上学批判の問題である。次にこの問題を取り上げることにしたい。

形而上学批判

ガブリエルの形而上学批判は『なぜ世界は存在しないのか』からもはっきりと読みとることができるし、実際のところそれ以前からもおこなわれていた。しかし発展的考察はここでは無用と思われるので、その最終形態と考えられる『意味と存在』の説明に依拠することにしたい。

『意味と存在』の冒頭でガブリエルは同書の目的を「二つの理念を放棄することによって《存在論》と《形而上学》という上位概念のもとに集合させられていた伝統的な諸問題に新しい光をあてること」[24]と規定している。この二つの理念とは「存在論と形而上学の連合」[25]と「存在するものの統

(22) Ibid., S. 229.
(23) Ibid., S. 31.

一的総体があるという見解」[26]である。しかし形而上学とは何だろうか。ガブリエルによると、形而上学にはさまざまな形態があるが、しかしそれらはみな「存在するすべてのものの総体についての理論」[27]であるという点において等しい。言いかえると、それらはみな「世界としての世界の探求」[28]なのである。というのも「《世界》とは、形而上学によってそのつど異なって考えられている、すべてを包括する究極の統一を意味している」[29]からである。

だが、このような総体性の概念にはいかなる対象領域も対応しておらず、その意味で「世界は存在しない」[30]のであった。そのかぎりにおいて「形而上学はまったく何ものとも関わっていない」[31]のであり、要するに「形而上学はいかなる対象ももっていない」[32]のである。このようにしてガブリエルは形而上学から対象を奪い、その企図そのものを無効化することによって「形而上学と存在論の交差」[33]を解消し、その上でいまや単体となった存在論を、つまり「存在とは何かという問いに体系的に答えること」[34]を目指すのである。

ところですでに私たちは知っている。つまり、形而上学とは独立に私たちは存在論に従事しうる、ということを。それどころか、答えを《世界》という疑似対象のうちへ係留させることなしに〈存在とは何か〉という問いに答えようとするならば、形而上学と存在論を分離しなければならない、ということを。[35]

形而上学からの存在論の分離

ガブリエルのこのような一般的な哲学構想から、私たちは二つの複合的な論点を読みとることができる。ガブリエルの目的はあくまでも存在論の樹立にある。しかしその前提として形而上学からの存在論の分離を果たさなければならない。そのためには、形而上学の対象である世界と、その核心をなす「存在するすべてのものの総体」という概念が無効なものであることを、つまりそれが何ものにも関わっていないということをあきらかにしなければならないのである。〈構成的退隠〉の説が結果的に不十分なものにとどまり、さらに〈無世界観〉へと進まねばならなかったのも、このような形而上学批判の理念に照らしてのことだったと考えられる。というのも、このような目的か

(24) Ibid., S. 24.
(25) Ibid.
(26) Ibid.
(27) Ibid., S. 26.
(28) Ibid.
(29) Ibid., S. 228.
(30) Ibid., S. 31.
(31) Ibid., S. 30.
(32) Ibid., S. 229.
(33) Ibid., S. 57.
(34) Ibid., S. 25.
(35) Ibid., S. 270.

らすると〈世界は存在するが、認識されない〉というようなクライスの立場は再び形而上学という亡霊を呼び覚ましかねないからである。このような観点からすると、いくら根源的であるとはいえ〈反省〉の立場から、さらに〈無世界観〉という〈直観〉の立場へとガブリエルが進んだということには、形而上学批判の徹底という点で、それなりの意味があると判断しなければならないであろう。もっとも〈無世界観〉といえどもやはり同様の危険に晒されているということは指摘しておいてもよいだろう。〈ない〉と主張されているものが〈無という有るもの〉として表象されるという危険は、言語を用いざるをえない私たちの通常の思惟の立場につねにつきまとっているのである。

ところで、その一方でこの〈世界の無〉はそれ自体が終着地なのではなく、存在論の樹立へと通じているのでなければならない。なぜならば、私たちはいきなり存在論にとりかかることはできず、「仮象から出発し、それに対して批判的に無効宣告を下す」[36]のでなければならないからである。ところが、すでに〈構成的退隠〉の説においても「すべてを包摂する無に直面して言語が失敗するという事実は、最終的には、無を覆す創造的エネルギーを放出する」[37]と言われていた。言いかえると、概念的に理解可能な領域の構造そのものがどのようなものとなりうるのかは、〈存在論が形而上学からどれほど純化されているのか〉ということにかかっているのである。「存在するすべてのものの総体」という概念から完全に浄化されないかぎり、存在はその真の姿で現われることはない。要するに〈構成的退隠〉から〈無世界観〉への深化は〈意味の場の存在論〉の成立と完全に連動しているのである。〈構成的退隠〉が〈無世界観〉へと根源化されるという事態は、「存在するすべてのものの総体」という概念の徹底的な無化であり、この無化は〈唯一の領域によって包摂されているのではない、言いかえると統一的な規則によって束ねられているのではない無数の意味の場〉〈意味の場の存在論〉）が成立しうる、ということと表裏一体をなしているのである。

このように〈構成的退隠〉は、その〈退隠〉の面が〈無世界観〉へ変貌しなければならなかったように、その〈構成〉の側面は〈意味の場の存在論〉へと変貌をとげなければならないのであり、この二つの側面はいまや〈否定的存在論〉と〈肯定的存在論〉へと分岐し、そのような両面が一つになって、かつての〈構成的退隠〉の説の後継の位置を占めているのである。

それでは最後にこのような変化ないし進展を一つの興味深い出来事、つまりガブリエルのハイデガーからの離隔という事象に重ね合わせて考察してみたい。

四　シェリングとハイデガー

ハイデガーに対する態度

いったんここで論文「構成的退隠としての世界」に戻ることにしよう。そこでは『なぜ世界は存在しないのか』において提示されるのとほぼ同一のテーゼが、明示的にハイデガーとの関連におい

---

(36)　ガブリエル／ジジェク『神話・狂気・哄笑』一四頁。

(37)　同、三九頁。

て述べられていた。あるいはこの〈退隠〉という用語それ自体もハイデガーを連想させずにはおかないであろう。

ところで最初期のガブリエルはシェリングの『神話の哲学』を研究の対象としていた。その際にガブリエルはしばしばハイデガーとシェリングを非常に近接させて、場合によっては一体的に論じていた。それは博士論文やそれと同時期に刊行されたシェリングの『人間的自由の本質』についてのモノグラフィーからも読みとれるわけだが、最も顕著なのは論文「〈思惟以前の存在〉と〈性起〉」かもしれない。この論文はのちに英訳されて『超越論的存在論』[38]に収録されることになるが、もともとのドイツ語版は二〇〇六年に口頭で発表されたものである。この論文でガブリエルは後期シェリングと後期ハイデガーの存在概念の類似を指摘しているのである。

ところが『なぜ世界は存在しないのか』になると、ハイデガーへの言及は減り、口調もどことなく冷淡になる。それにともない、あれほど頻出していた〈構成的退隠〉の用語もにわかに姿を見せなくなる。そうすると〈構成的退隠〉の説の修正はハイデガーに対するガブリエルの態度ともどこかで通底しているのだろうか。またこのような姿勢の変化はシェリングやドイツ観念論一般に対する彼の態度とはどのような関連があるのだろうか。

ドイツ観念論一般のポテンシャル

〈構成的退隠〉の説が唱えられている頃も〈ドイツ観念論の高度に思弁的な理論が現代の哲学的状況においてどのような意義をもちうるのか〉ということは話題とされていた。ただそこにハイデガー批判が組み合わされていたわけではなかった。ところが『意味と存在』になると、特にハイデガーを念頭に置きながら、「思考についての問題含みなテクノロジー的理解[39]」にあまりにも接近しているという理由で、哲学はもはや「論証の連鎖や学的な理論構築[40]」であるべきではないと結論されるならば、「私はそう思わない[41]」と言われている。

〈存在神論が原理的に失敗している〉ということは、〈存在神論の原因となる誤謬や幻想が見抜かれる〉ということによって洞察されるのである。存在神論はたんなる反発や嫌疑ではなく、十分な理由に基づいて捨てられるのでなければならない。……存在神論は議論に基づいて無力化されるのでなければならない[42]。

ガブリエルによれば、まさにこの点においてドイツ観念論は再評価されなければならないのである。というのも、彼によると、「これらの思想家たちは、任意の哲学的問題を解決するための特殊

(38) マルクス・ガブリエル『超越論的存在論——ドイツ観念論についての試論』人文書院、二〇二三年。なおそこでは同論文の表題は「思考以前的存在と出来事」と訳されている。
(39) Gabriel, *Sinn und Existenz*, S. 58.
(40) Ibid.
(41) Ibid.
(42) Ibid., S. 58–59.

な論証や寄与だけでなく、さらに哲学における成功した理論構築のための一般的な条件があるということを示唆している」[43]からである。同書の〈序〉でも強調されているように、現代の哲学的議論をこのようなドイツ観念論において達成された理論の水準にまでもたらすことがガブリエルの哲学的企図の目的の一つなのである。

だとすると、このような（論証を堅持するという）方法論上の相違がガブリエルをしてハイデガーから距離をとらせたのだろうか。ポイントは、このような方法論的な観点からのドイツ観念論の評価がハイデガーの哲学的立場そのものの批判には直ちにつながらない、ということである。たしかにここでも問題となっているのは存在論であり、形而上学である。しかし存在神論を議論によって無力化しうるためには、ガブリエルの哲学的立場そのものがすでにハイデガーのそれとは一線を画するものとなっていなければならないのではないか。

哲学史のなかで

すでに見たように、ガブリエルは「形而上学はまったく何ものとも関わっていない」ということをあきらかにしなければならないと考え、この洞察を最終的に「世界は存在しないという直観」[44]に基づけていた。ここであらためて問題にしたいのは、この「無世界観」[45]を基準として過去（あるいは一般に自分以外）のさまざまな哲学的立場とガブリエルの立場との〈距たり〉が測定されうるのではないか、ということである。

たとえば、ガブリエルはみずからの立場の先駆をカントの〈統制的理念としての世界〉やフッサールの〈地平としての世界〉に見出している。ガブリエルによると、これらの哲学者は「世界がいかなる対象でもなく、カテゴリー的にそれとはまったく異なったものである」[46]ということに気づいていたのである。しかしその一方で〈世界は対象（存在者）ではない〉という認識から、ガブリエル自身が主張するような〈世界は存在しない〉という認識へ至るにはなお踏破すべき道が残されている。ガブリエルによれば、ハイデガーの場合も同様なのである。

ガブリエルは次のように述べている。すなわち、「ハイデガーとともに言うならば、世界はせいぜいのところ存在であるかもしれないが、存在者ではないであろう」[47]。しかし「存在と存在者の差異はたやすく、それによって存在と存在者の関係が考えられているのだと解されてしまうが、これによって存在は対象化され、さらにそれによって存在神論が形成されるのである」[48]、と。このようにハイデガーは〈世界は対象ではない〉ということを洞察し、対象でないものを対象と見なすことが形而上学の形成につながることを看破している。それにもかかわらずハイデガーにおいて「《世界》や《世界像》という表現は依然として何ものかに関係しており、存在者の全体という概念との

（43）Ibid., S. 9.
（44）Ibid., S. 31.
（45）Ibid.
（46）Ibid., S. 267.
（47）Ibid.
（48）Ibid., S. 268.

根本的な決別を果たしていない」[49]のである。付言するならば、これはハイデガーがさまざまな場面で世界を無と関連づけていることを熟知した上での発言である。だとするとガブリエルの言明は、なるほどハイデガーが世界と無とを関連させているとしても、〈無世界観〉にまでは到達していないという意味に理解するのが妥当だろう。

それではこれに対してシェリングの場合はどうなっているのであろうか。

シェリング固有のポテンシャル

すでに述べたように、ガブリエルにおいては、ある哲学的立場がどれほど形而上学から脱却しているかは、〈世界の無〉がどれほどの深度で捉えられているのかによって判定される。そして、このような〈存在するすべてのものの統一的総体〉の破壊が徹底的であればあるほど、それだけ純粋な姿で〈存在〉が立ち現われてくるのである。しかしこのように、もはや形而上学的ではない〈存在論〉への通路が〈世界の無〉を通過することによって見出されるならば、この〈無〉は〈意味の場の存在論〉を定立しうるような〈無〉でなければならないであろう。その意味において〈否定的存在論〉から〈肯定的存在論〉への転換点は、ガブリエルの哲学体系の全体にとってまさに要《かなめ》の位置を占めていると言わざるをえない。このような理解に基づくならば『意味と存在』の第一部から第二部への移行に際して、シェリングの〈無底〉について言及がなされているという事実は無視できない重要性をもっているように思われる。そこでガブリエルは次のように述べている。

〈否定的存在論〉と〈肯定的存在論〉の区別はつまるところシェリングにさかのぼる。シェリングの根本的想定はここではもちろん非常に変様された形で取り上げられているけれども、私の構想の成立に〈無底〉ないし〈思惟以前の存在〉というシェリングの概念は多大な影響を及ぼしているのである。[50]

ちなみに、このように述べたあとでガブリエルは、最初期から最近までの彼のほとんどすべてのシェリング研究への参照を求めている。しかしそれはともかくとして、問題はなぜシェリングの〈無底〉や〈思惟以前の存在〉が、変様された仕方であれ残存しうるのに、その一方でハイデガーは不徹底として批判されなければならないのかということである。むろんこの問題にここで決着をつけようというつもりはない。そういうわけでこの問題を考える上で一つのヒントになりうるかもしれないドゥルーズのハイデガー評にふれるにとどめたい。「ドゥルーズによれば、ハイデガーが〔自ら異他化する〕この創造的な潜勢力を見逃したのは、没根拠の深淵（Ab-grund）から早々と目を背けてしまったことと無縁ではない」[51]のである。このような言明を前にすると、ニーチェ解釈をめぐるドゥルーズのハイデガー批判を念頭に置きながら、『意味と存在』においてガブリエルが〈世界

（49）　Ibid., S. 260.
（50）　Ibid., S. 275Anm.
（51）　増田靖彦「ドゥルーズ 存在と出来事」『続・ハイデガー読本』法政大学出版局、二〇一六年、二六六頁。

は世界のうちに現われる〉とする不合理を〈同じものの永劫回帰〉と解している箇所[52]を参照してみたい誘惑にかられる。

五　深淵と無底

ガブリエルの議論に耳を傾けていると、一種の錯覚にとらわれるかもしれない。ドイツ観念論の哲学が一九世紀前半の哲学ではなく、ハイデガー以後の哲学、あるいはより端的に言えば、二一世紀の哲学であるかのような錯覚である。しかしそれは時代錯誤なのではないだろうか。ガブリエル自身が最初はそのような疑念を抱いていたように思われる。当初ガブリエルは、シェリングとハイデガーを重ね合わせながら、シェリングがハイデガーの水準に追いついてほしいと願っていたように見える。そのためにはハイデガーの批判に甘んじてシェリングからその存在神論的な外殻を剥ぎとらなければならないのだと考えていた。しかしそのような操作をほどこしたあとで、いわば蒸留されたシェリング哲学の核心部を取り出してみるとき、シェリングとハイデガーの差異が浮び上がってこざるをえない。しかもそのような相違はハイデガーの試みをさらにその一歩先へと進めるための鍵ともなりうるものだったのである。

ガブリエルの哲学の基礎には存在神論ないし形而上学への批判がある。これをどこまでも徹底していくことが彼の最も基本的な戦略であると見なしてよいであろう。この批判の具体的表現が〈世界は存在しない〉というテーゼである。しかしこのテーゼは哲学史的に見てその前史をもつとともに同時にその未来を、要するに深化の可能性をもっている。この可能性の追求がガブリエルをハイデガーから遠ざける。いやむしろハイデガー的とも見える覆いが次第に取り除かれて、その下からシェリング的と呼ばざるをえないような何ものかが露呈しはじめるのである。

本章では、このようなガブリエルの思索の深まりがハイデガーからシェリングへの〈距たり〉というものさしによって測定されうるのではないかと考え、その距離を仮に〈深淵（Abgrund）〉と〈無底（Ungrund）〉のそれに等しいと想定してみた。しかし言うまでもないが、このような問題に満足のゆく解答を与えるには相当の精査と熟考とを要するであろう。

（52） Gabriel, *Sinn und Existenz*, S. 122.

第五章　形而上学の根本的問いに答える――シェリングとガブリエル

一　形而上学の根本的問い

本章は、マルクス・ガブリエルの論考「形而上学の根本的問いに対するシェリングの答え――『啓示の哲学 初稿』における」[1]について、その読解の手助けとなるように最低限の解説を試みるものである。ガブリエルの論考は、二〇一三年の論集『なぜそもそも何かがあるのか、むしろ何もないのではないのか――一つの問いの変遷と変奏』[2]に、その一章として収録されている。表題からもあきらかなように、この論集は〈なぜそもそも何かがあるものがあるのか、むしろ何もないのではないのか〉という〈形而上学の根本的問い〉をめぐる議論を古代から現代に至るまで綿密に追跡するという、いわゆる概念史的主題を扱っている。シェリング以外には、ライプニッツはもちろん、ショーペンハウアー、ハイデガー、アーレント、分析哲学などの議論に各一章があてられている。

二　《シェリング論文》の特徴

ガブリエルの《シェリング論文》は、シェリングの『啓示の哲学　初稿』の第四講義から第一一講義についての詳細な解釈という体裁をとっている。したがってこの論文に、可能なかぎり客観的な立場に立って書かれた『初稿』の読書ガイドを期待する人もいるかもしれない。しかし残念ながら、その期待は裏切られるであろう。というのも、ガブリエルのシェリング解釈はそれとは正反対の性格をもっているからである。彼のシェリング解釈は、たしかにシェリングのテキストの解釈ではあるけれども、しかし同時にその解釈は現代哲学の主要な論争の一つに参与しようという強い動機に支えられ、ガブリエル自身の哲学的立場を濃厚に反映しているのである。この論文において批判の対象となっているのが、別のシェリング解釈というより現代における特定の哲学的立場であるのは、そのような事情に基づいている。

しかしそうすると、この種の議論がことさらシェリング解釈という形態をとってなされなければ

（1）マルクス・ガブリエル「形而上学の根本的問いに対するシェリングの答え——『啓示の哲学　初稿』における」（加藤紫苑訳）『ニュクス』第二号、堀之内出版、二〇一五年、一七四—二〇〇頁。

（2）D. Schubbe, J. Lemanski, R. Hauswald (Hg.), *Warum ist überhaupt etwas und nicht vielmehr nichts?: Wandel und Variationen einer Frage*, Hamburg: Felix Meiner, 2013.

ならない理由はどこにあるのだろうか。それは、現代の哲学論争に自己の立場から発言するということが、ガブリエルにとっては、同時に現代におけるドイツ古典哲学の意義の再発見という意味をもっているからにほかならない。この論文において、ガブリエルはシェリングに自己の哲学的立場を重ね合わせながら、現代哲学の文脈のなかでシェリング哲学のポテンシャルを引き出そうとしているとも言えるだろう。

こうした事情をわきまえていないと、ガブリエルのシェリング解釈の真意が誤解される恐れがある。したがってまた、前もってガブリエルの思想的立場に習熟するとともに、彼がここで念頭に置いている現代哲学の文脈についても予備知識をもっていることが、《シェリング論文》を理解するための不可欠な前提となってくる。もちろんいま述べた二つのことがらは一つに帰着するだろう。

ところでガブリエルは彼の哲学的立場を〈新しい存在論的実在論〉と名づけている。それはいったいどのようなものなのであろうか。

三　ガブリエルの立場――新しい存在論的実在論

形而上学と存在論――存在論は形而上学の婢である

最近の「形而上学的ないし存在論的転回」の批判的吟味からガブリエルは話を説き起こしている。〈思弁的転回〉と呼ばれることもある、この動向では形而上学ないし存在論の復権が叫ばれている。

ところがこの復権は同時に両者（形而上学と存在論）の不適切な関係——「存在論は形而上学の婢《はしため》である」[3]——の復活でもある、とガブリエルは言う。

ガブリエルによれば、そもそも「形而上学とは（a）現象と対立する〔とされる〕実在についての説明と（b）全体性についての理論」すなわち「世界としての世界の探求」[4]という二つのものの結合のことであるが、他方、「存在論とは、《存在》の意味に関する体系的探求、あるいはむしろ《存在》の意味への洞察に支えられた存在そのものの探求である」[5]。したがって形而上学と存在論とは本来、厳密に区別されるべきものなのである。

それにもかかわらず伝統的にはそう捉えられてこなかった。「存在論と形而上学とは互いに結びつけられ、存在論は、たんに〈或るものがある〉あるいは〈或るものが存在する〉……とは何を意味しているのか、という問いに対する答えというだけではなく、むしろ実在と現象の対立に深く関係しているもの」[6]と考えられてきた。その結果、存在論の課題は〈本当にあるのは何なのか〉という問いに答えることにあり、しかもこの問いに答えるとは〈私たちの先入見を取り除くなら、実在はどのようなものになるのか〉という問いに答えることでもあると信じられてきたのである。こう

（3） Markus Gabriel, *Fields of Sense: A New Realist Ontology*, Edinburgh University Press. 2015, p. 1.
（4） Ibid., p. 5.
（5） Ibid., p. 6.
（6） Ibid., p. 1.

して存在論は現象の背後にある《実在の根本本性》を掘り起こそうとしてきたが、このような不適切な分業体制がいまやガブリエルによって問題視されているのである。

ガブリエルの見るところ、現代の〈思弁的転回〉の場合も、状況はこれと何ら変わらない。というのも、そこでは〈形而上学〉と〈存在論〉という用語は実在の根本本性の探求に関する名称として互いに交換可能なものとして使用されるだけでなく、《実在》は《現象》と対比され、しかも実在は《世界》という一般的呼称によって通用している統一的領域として扱われているからである。統一的実在（世界）と現象（心）という厳格な二分法によって哲学を考えるという、この傾向を改めようと、過去二世紀にわたって哲学者たちの懸命な努力がなされてきたにもかかわらず、現代の存在論ないし形而上学において《実在の根本本性》という公式がたえず反復され、実在をあかるみにもたらすには（根本的な意味において）存在するものから人間が投影するものが捨象されるだけでよいと考えられているのである。

このような診断に基づいて、ガブリエルは伝統的に《存在論》と《形而上学》という見出しのもとで扱われてきた諸問題に新しい光をあてようとする。しかしこの照明は二つの観念を放棄することによっておこなわれる。第一の観念は「存在論と形而上学の結合という観念」であり、第二の観念は「存在するものの全体的統一がある、ないしは、あるべきであるという観念」である。(7) ところが後者の観念を捨て去るということは、ガブリエルの言う「無世界観（*no-world-view*）」を承認するということである。「無世界観」とは「形而上学は文字通りの意味で無について語っている、形而上学が言及している対象ないし領域（世界）は存在しない、とする見解」(8) にほかならない。

古い形而上学的実在論から新しい存在論的実在論へ——意味の場の存在論

このようにガブリエルの「無世界観」は、形而上学からその対象を奪うことによって形而上学そのものを無効化し、これによって形而上学への隷属から存在論を解放することを狙っている。しかし形而上学（およびその婢としての存在論）は《実在（世界）》と《現象（心）》との二分法につきまとわれていた。形而上学への軛から解放された存在論はこの二分法からも解放されるのであるから、新しい存在論は従来とは異なる——非二分法的な——実在（および心）の理解を提示しなければならない。

古い意味での実在論者は、実在論を——〈私たちがそれをどのように考えているのか〉ということから何らかの意味で独立している——実在に関連づけるか、さもなければ〈心からの独立性〉の主張に関連づける。その結果として古い形而上学的実在論はもっぱら観察者のいない世界に関心を抱いているが、これに呼応するようにして（反実在論的な）構成主義は〈観察者のいない世界を現象学的に括弧に入れること〉と〈そのような世界を完全に否定すること〉との間を揺れ動きながらも、もっぱら観察者の世界に関心を抱いている。

これに対してガブリエルの説く〈新しい実在論〉は〈現象に対立する実在〉という伝統的な考え方を採用しないし、だからと言って、（極端な構成主義のように）両者の二分法を前提とした上で現象

（7） Ibid., p. 5.
（8） Ibid., p. 7.

をそのまま実在とする、というのでもない。むしろ〈新しい実在論〉は〈個人的視座による構成は、それ自身は必ずしも構成されたものではない実在に根拠をもっていなければならない〉と主張するのである。

新しい存在論的実在論は、エトナ山についてのいかなる視座もエトナ山と同様に実在的であり、《そこにある》と主張する。エトナ山が私には山のように見え、火星人には谷のように見えるならば、このことはエトナ山そのものに関する相互に連関する事実である。……それゆえ新しい実在論によれば、実在論者であるために心から独立している実在……特定の視座とは無関係である実在という観念を導入する必要はない[9]。

もっとも「構成されたもの」と「構成されていないもの」とは無関係ではないと言ったところで、たんにそれだけでは両者の関係について判明な理解が得られたわけではない。したがってガブリエルは「構成されたもの」と「構成されていないもの」との間にある複雑に入りくんだ関係の探求へと向かわざるをえなくなる。しかしその過程――いわば彼自身の「意味の場の存在論」への途上――で重要な参照点として浮上するのがシェリングの哲学的洞察なのである。

四 《シェリング論文》序——人間学モデル対物理学モデル

《シェリング論文》では最初に、ガブリエルの問題意識とシェリング解釈の基本方針が述べられる。

形而上学の復権と〈根本的問い〉

まずは現代における「形而上学の復興」とそれにともなう「〈根本的問い〉の再来」が指摘されている。現在、哲学の伝統のいずれにおいても形而上学の一種の復興が生じているが、その際、形而上学の根本的問い、つまり、〈なぜそもそも何かあるものがあるのか、むしろ何もないのではないのか〉という問いも新しい仕方でくりかえされている。この〈根本的問い〉の再来は思弁的実在論の諸構想だけではなく、分析的形而上学にも同様に見出される。

〈根本的問い〉の物理学的モデル——自然主義的見地

しかしガブリエルによると、思弁的実在論の場合も分析的形而上学の場合も、その際の出発点は〈根本的問い〉の主に物理学的なモデルによって方向づけられている。つまり〈根本的問い〉はあ

（9） Ibid., p. 10.

らかじめ自然主義的なバイアスがかかった状態で問われているのである。〈根本的問い〉がこのような背景のもとで定式化されると、この問いにとって主として問題であるのは、物理学的に計測可能で、この意味において観測可能な構造の存在である。この場合には、〈根本的問い〉が問うているのは、本質的に言って〈なぜ物理学的に観測可能なものが存在しているのか〉ということになる。こういうことになると、近世以後に現われた自然主義的一元論のなかでも、物理学に準拠するものの何らかの変種がすでに前提されている。[10]

〈根本的問い〉の人間学的モデル——反自然主義的見地

現代のこのような自然主義的アプローチにガブリエルが対置するのがシェリングの反自然主義的・人間学的アプローチである。

シェリングは〈根本的問い〉と人間学とを結び合わせる。彼がそうするのは、人間がその前史〔自然〕に還元できない、さまざまな構造（人工物、行為、テキスト、哲学的理論など）を生み出すからである。[11]

このようにシェリングが〈根本的問い〉を立てるとき、この問いは〈人間は自然を超えている〉という仮定、〈人間はいかなる自然主義的記述によってもあきらかにできない存在論的規定を生み出す〉という仮定に基づいている。しかしこの種の規定は自由によってのみ世界にもたらされるのだから、〈なぜそもそも何かあるものがあるのか〉という問いには〈なぜそもそも理性や自由のようなものがあるのか〉という問いが含まれている。

ところで〈人間的な規定性、つまり汲み尽くしえない意味をもち、無限に多様な解釈を許す行為があり、たんに無機的素材と有機的素材だけがあるわけではない〉ということをシェリングは「原始偶然」と呼ぶ。この「原始偶然」を考慮しない〈根本的問い〉に対する答えは本質的に不完全なものにとどまらざるをえない。というのも、私たちは自分たちがこうした事実――理性や自由の現存という事実――につねに直面していることを自覚しているのに、そのような事実がまるでなかったかのように捨象されてしまうからである。

それゆえ〈根本的問い〉は〈事実として私たちによって承認されているいかなる規定性もアプリオリに除外するものではない〉と解されるべきである。要するに、あくまでも〈自由と理性とが存在する〉という前提のもとで〈根本的問い〉は〈自由と理性とともに世界へ現われる反省的規定性はどのような条件下で可能であるのか〉と問うのである。

しかしその一方で〈人間（理性、自由）が宇宙における必然的所産ではない〉というのもまた否定できない事実である。実際、たとえ人間を非有機的・有機的進化全体の目標とすら見なしているとしても、これによってシェリングは〈ビッグバンから人類史へと必然的展開をとげる目的論があ

（10）ガブリエル「形而上学の根本的問いに対するシェリングの答え」一七四―一七五頁。
（11）同、一七六―一七七頁。

る〉と主張しているわけではない。

むしろシェリングは〈人間は自己の全存在を「原始偶然」に、すなわち生じることも生じないこともできた状態に負っている〉ということを出発点とする。しかしこの状態が生じたのはあきらかなのだから、そのあとでは〈どのような存在論的条件がまさにこの原始偶然のために必要とされなければならないのか〉と問うことは正当なのである[12]。

カントからシェリングへ——理性の事実性から理性の偶然性へ

ところでこのようなシェリングの人間学的アプローチは「カントの徹底化」として理解されなければならない。

第一に、〈根本的問い〉に関するシェリングの人間学的アプローチは、カントの〈理性の超越論的自己反省〉を継承するものである。

〈根本的問い〉を立てながら、この問いそのものを反省しないことを、シェリングは……〈独断論〉と呼び、これに〈批判主義〉を対置している。〈批判主義〉は形而上学的問いを立てるだけでなく、〈形而上学的問いが立てられうるためにはどのような条件が満たされなければならないか〉もつねに問うのである[13]。

しかし第二に、シェリングの人間学的アプローチはカントのたんなる継承ではなく徹底化でもある。というのもカントからシェリングへの歩みは同時に「理性の事実性」から「理性の偶然性」への遡源でもあるからである。

たしかにカントの出発点は「理性の事実性」であった。カントによれば、可能的経験の場は事実として私たちに開かれており、このとき理性は、超越論的な自己反省によって私たちが理性を発見する、その通りのあり方をしているのであった。つまり理性そのものが世界のなかで生起する一個の事実なのである。しかし、この「理性の事実性」には〈世界理解の別の形式がありうる〉という含意がすでにある（たとえば「時空」という直観形式はあくまでも私たちのものでしかないと言われていた）。にもかかわらずカントはこの含意を掘り下げることはしなかった。

これに対してシェリングは〈理性さえも、それが現に（事実として）私たちに現われているのとは別様にありうるかもしれない〉と考えるようになる。〈いったいなぜ理性があって、非理性があるのではないのか〉。この問いとともに、理性は〈事実的なもの〉から一転して〈偶然的なもの〉へと転落し、理性の超越論的自己反省は、より一段階深いレベルへと導かれることになる。〈理性はそれ自体が何らかの起源をもっている〉という可能性が開かれ、〈いかにしてものそれ自体の領域の内部に理性の理解しうる世界が設立されることになるのか〉という問い――理性の〈現象化〉の

(12) 同、一七六頁。
(13) 同、一七八頁。

問い――が立てられるのである。

このようなカントからシェリングの展開をふまえていないと、カントの超越論的観念論をたんなる〈相関主義〉として解釈してしまうかもしれない、とガブリエルは言う。これによって〈相関主義〉の起源をカントに求めるメイヤスーに対して予防線が張られている。逆の言い方をすると、「理性の事実性」がカントの出発点であるために、超越論的観念論の解釈次第では「懐疑主義的な立場」や「独我論的な立場」――メイヤスーの言う「強い相関主義」――に至りつく恐れがあるが、シェリングが〈根本的問い〉を立てるのは、まさにこのような袋小路をあらかじめ回避し、超越論的哲学の脱相関主義的含意を鮮明にするためなのである。

それでは、このようにみずからの偶然性の承認に立脚するような理性の超越論的自己反省は、シェリングにおいてどのような具体的形態をとるのであろうか。

五　《シェリング論文》本論――論理時間の理論

《シェリング論文》本論においてガブリエルはシェリングの論理時間の理論を〈根本的問い〉への応答として再構成する。

哲学の自己説明

シェリングにおいて〈根本的問い〉は——自己を自由として自覚する——哲学の自己反省である。つまり、たしかにシェリングが直面しているのは〈いかにしてそもそも存在が生じうるのかを説明する〉という課題であるが、この問いは〈いかにしてそもそもあらゆる存在が生じうるのか〉という意味ではない。むしろシェリングが探求する存在は〈意欲によって実現される存在〉である。ここで問われている存在は自由ないし目的論的運動としての哲学そのものと言いかえられるだろう。〈目的論的運動〉とは「ある意図が実現されるべきであるが、同時にこの意図は必然的に達成されるわけではないという、そのような過程[14]」であり、このような過程では「自由は失敗において、行為の中断において認識される[15]」ほかない。その意味はしだいにあきらかになるであろうが、いずれにしても〈原初への哲学的問い〉つまり〈根本的問い〉はシェリングにおいては〈哲学の原初への問い〉として遂行され、その結果として哲学が哲学それ自身を自由ないし目的論的運動として説明することが目指されているのである。

論理時間の理論

しかし〈哲学による哲学自身の説明〉はたんに〈哲学の原初的位置〉にすぎず、哲学はこの位置

(14) 同、一八二頁。
(15) 同、一八三頁。

にいつまでもとどまっているわけではない。哲学は内容をもたない自己関係性ではない。もし哲学が原理上失敗しえず、たんなる自明な真理のみを定式化しようとするなら、哲学は自由ではないだろう。しかし〈哲学が失敗しうる〉とは〈潜在的に哲学を超える真理条件が承認されなければならない〉という意味である。この哲学に先行するものが〈論理的過去〉である。シェリングは〈論理的過去〉を「存在に先立ってあるもの」と呼び、〈存在〉を〈論理的現在〉と呼ぶ。

私たちは《いったん生成した存在の内部》、自己関係的な哲学的思想の〈論理的現在〉の内部にとどまり続けることができずに、《この存在を理解するために》、《この存在を超えて行か》ざるをえない……のである。(16)

こうして〈論理的現在〉のために〈論理的過去〉が承認されるのである。

相関主義からの脱却と祖先以前性の承認

したがって相関主義が〈私たちはつねに存在と思惟との関係への通路しかもたず、決して存在そのものへの通路をもたない〉とする懐疑主義的・観念論的主張であるなら、シェリングを相関主義者と呼ぶことはできない。なぜならば自己関係的な段階は哲学の出発点でしかなく、論理時間の理論は〈論理的現在〉のために、むしろそれを超えて〈論理的過去〉を承認するからである。このような〈論理的過去〉の承認にともなって「現実性」あるいは「事実の構造」が私たちの意志に組み込まれることになる。

そのかぎりにおいてシェリングの論理時間の理論においても、ある意味で――つまり〈認識するものがまったく存在していなかった〉という可能性や〈私たちのような存在者が偶然的に存在している〉という事態を排除しないという意味で――メイヤスーの言う〈祖先以前性〉が承認されていることになる。〈純粋に存在するもの〉というシェリングの概念は、何らかの〈認識するもの〉の現存にそもそも先行している事実を意味しているのだから〈思想の担い手をビックバンのはじまりへ無造作に投影している〉というシェリング批判は的はずれとなるだろう。

それにもかかわらず「いずれにせよ思想が存在するのなら、思想のない現実性は不完全である」[17]と言わなければならない。つまり〈根本的問い〉が保証するようにすでに事実として〈思想が存在する〉のなら、〈純粋に存在するもの〉という概念が、メイヤスー的に〈認識するもの〉を捨象するという仕方で、つまりたんに〈論理的過去〉を模範として形成されることはできない。むしろ私たちの存在論は〈そもそも存在論がある〉ということと、言いかえると〈〈認識するもの〉が〈根本的問い〉を立てる〉ということと相容れないものであってはならず、しかも〈認識するもの〉が存在するという条件下でのみ、存在論は存在するのである。言いかえると、たしかに宇宙は〈認識するもの〉が出現しうる領域であるとともに〈認識するもの〉が出現しないこともありうる領域である。

(16) 同、一八四頁。
(17) 同、一九〇頁。

あるが、しかし〈認識するもの〉が出現したということが事実である以上、〈認識するもの〉を排除することはできないのである。

それゆえ、〈認識するもの〉がまったく存在していなかったとしても存立していたであろうような、そうした事実を《様相的に堅牢な事実》と呼ぶことにすると、シェリングが問うているのは〈様相的に堅牢な事実がいかなる条件のもとで存在しうるのか〉ということではない。むしろシェリングは〈問いに直面する存在者がある〉ということから出発し、〈「純粋に存在するもの」から「存在しうるもの」への移行がどのようにして生じるのか〉という問いを立てるのである。

論理的未来の立場――反懐疑主義的な可謬主義

〈純粋に存在するもの〉から〈存在しうるもの〉への移行は、〈存在しうるもの〉が〈存在そのもの〉へと定立されることであり、それは〈存在するであろうもの〉の成立にほかならない。つまり、シェリングは〈論理的現在〉から〈論理的過去〉へとさかのぼり、それから〈論理的未来〉へと進むのであるが、それは〈論理的現在〉を〈論理的過去〉の実現として理解するためなのである。これがシェリングの論理時間の理論であった。しかしこの移行は一度だけおこなわれるのではなく、あらゆる判断とあらゆる行為においてくりかえされる。

宇宙の膨張について判断するとき、私たちが思い違いをする可能性はある。……私たちの叙述文がもつ真理条件は、これらの真理条件についての私たちの確信とは、根本的に異なっているかもしれないのである。このような両義的で本質的に可謬的な立場は遅くとも〈認識するもの〉が世界に現われることによって世界へと到来する。このような立場をシェリングは〈精神〉と呼んでいる。[18]

精神は持続的行為のうちにあり、存在の源泉であり続けるもの——自己を外化するかしないか自由であり——自己自身を外化しても自己自身を喪失しないものである。[19]

このように判断において真偽の間を動揺するという両義性をシェリングは〈精神〉に帰するのであるが、これによって二重の未規定性が関与してくることになる。二重の未規定性とは、一方においてく〈しかじかであるものが別様にもありうる〉ということが前提されているが、他方において、これによって私たちは私たちの確信を修正しうるようにもなる、ということである。一方では〈論理的過去〉へ、他方では〈論理的未来〉へと及んでいる、このような二重の未規定性こそが〈根本的問い〉が見出す自己の成立条件なのである。

しかしこのように〈精神〉を偶然的な真理値の間の動揺として規定することは懐疑主義に通じているように見える。しかじかであるものはすべて別様にもありうるということが一般に妥当すると

(18) 同、一九二頁。
(19) 同。

したら、私たちは〈まったく何も存在しない〉という事態を排除しえないからである。しかし〈この瞬間においてさえ何も存在しないのだ〉というニヒリズムは帰結しない。〈根本的問い〉を動機づけようとして〈あらゆるものを捨象する〉という思考実験がおこなわれても、この思考実験において前提とされているのは、「まだ未規定的なものであるにしても〈何かあるものがそうである〉というのでなければならない[20]」ということだからである。言いかえると、論理時間の理論はつねに〈無根拠な存在がある〉ということから出発せざるをえないのである。

存在そのものの一部の自己反省としての哲学

一般に〈批判主義〉は形而上学的問いを立てるだけでなく、〈形而上学的問いが立てられうるためにはどのような条件が満たされなければならないか〉ということまでもつねに問う。いま問題になっているのは〈根本的問い〉であった。したがって哲学は〈根本的問い〉そのものが成立するための存在論的条件を問いつつ〈根本的問い〉に取り組むのであり、その過程において論理時間の理論が立ち現われてきたのであった。

ところでこのとき世界そのものがその住人の一部との関係において主題とされている。したがって「哲学はそれ自体が存在の一部をなしている学問でもあり」、「存在の局所的な自己主題化[21]」なのである。しかしこのような自己主題化において哲学は、世界と精神の間をたえず動揺しながら、〈存在生成の自由〉を追体験する。そのかぎりにおいて「哲学は自己自身を主題化する自由な行為である[22]」と言うことができる。このとき「哲学は特別な特性をもっている存在の一事例として、つまり「存在の源泉」であるような存在の一事例として自己を理解する[23]」のである。

六 《シェリング論文》結——ドイツ観念論の形而上学

論文を終えるにあたってガブリエルは、自分のシェリング解釈の要点を要約しながら、〈根本的問い〉の再来における「ドイツ観念論の形而上学」の意義を再度強調している。〈根本的問い〉を定式化する場合に、問いを立てる私たち自身の存在を捨象しないということによって、自己の存在をもはや理解できなくなってしまうという結末を回避しようとしているという、まさにその点にドイツ観念論の形而上学の要点が見出されうるのである。

(20) 同、一九五頁。
(21) 同、一九六頁
(22) 同、一九三頁
(23) 同、一九六—一九七頁。

第六章　意味論的観念論の批判——意味の場の存在論への通路として

一　〈絶対的なものと現象〉という問題

『私の哲学体系の叙述』（一八〇一年）以後のいわゆる〈同一哲学〉はシェリング自身によって絶対的なもの（絶対的理性）の哲学と呼ばれている。ところがヘーゲルによれば、絶対的なものと現象の関係をめぐる諸問題、特に両者の分断という問題に直面することで同一哲学の最大の弱点が露呈する。そしてこのような同一哲学の欠陥を克服することがヘーゲルの『精神現象学』（一八〇七年）の目的の一つであった。——このような理解は哲学史の一般常識に属すると言ってよい。しかしシェリング側から見ると、最低でも二つの問題が残っている。第一に、ヘーゲルのシェリング批判は妥当なのか、という問題であり、第二に、ヘーゲルの批判にシェリングはどのように応じたのか、という問題である。ここでは第二の問題のみを取り上げよう。

伝統的解釈によると、『精神現象学』におけるヘーゲルの批判に対するシェリングの最初の応答は『人間的自由の本質』（一八〇九年）に見出される。実際そこでは、悪の問題が主題とされ、全篇にわたってベーメ神智学の影響を色濃くとどめるなど、それ以前の同一哲学期の著作とは異なる雰囲気に満ちていて、本書をもってシェリング哲学の新しい時期がはじまると見なす論者も少なくない。けれども、この新たなる門出がヘーゲルの批判に対するシェリングの返答でもあるなら、彼の再批判の要点はいったいどこにあるのだろう。しばしば指摘されるように、この著作に非合理主義ないし主意主義への転換が見られるならば、そのこと自体はヘーゲルの理性主義に対する異議の表明と見なしうるかもしれないが、それでは絶対的なものと現象との関係はどうなったのだろう。絶対的なものと現象とをつないでいるのがたんに（絶対的なものあるいは人間の）自由意志であるという以上に出なければ、両者の関係についての概念的説明の努力は結局のところ放棄されているという見方も成り立ちえよう。

しかし『人間的自由の本質』だけでなく、シェリングの後期哲学の全体にまで視野を広げてみるならば、絶対的なものと現象の関係の究明が彼にとって決して周辺的な問題ではなかった、ということが浮かび上がってくる。一例をあげると、おそらくヘーゲルの理性主義を念頭に置きながら、後期のシェリングは〈絶対的なものの現象化〉を〈世界が理性の網に捕捉されること〉とあらためて定式化している。

世界の全体はいわば理性の網のなかに捕捉されている。しかし問題はいかにして世界がこの網に入ってきたかということである。(1)

本章において私はヴォルフラム・ホグレーベの『諸世界時代』研究を導きの糸としながら、このように再定義された〈絶対的なものの現象化〉をめぐる問いに、後期のシェリングがどのように答えているのかをあきらかにしてみたい。

二　予備考察――現象化という用語

《現象化》という言葉自体はシェリング自身のものではない。後期シェリングの根本問題を言い表わすために、この語を用いたのはスロヴェニアの哲学者スライヴォイ・ジジェクがたぶん最初である。一九九六年の『仮想化しきれない残余』[2]の冒頭で彼は、後期シェリングにおける「〈始まり〉の問題は「現象化（phenomenalization）」の問題になる」[3]と述べたあとで、さらに次のように続けている。

ヘーゲルについてと同様、問題は、現象の向こうにある、ヌメナとしての〈即自（In-itself）〉にどうやって到達するかではない。本当の問題は、この〈即自〉が、いったいいかにして、なぜ、それ自身から分かれるのかということであり、いかにしてそれ自身に対する距離を獲得し、そうしてそれが現れる（自らに対して）ことのできる空間を確保できるのかということである。[4]

ジジェクの場合、《In-itself》の自己現象化が非理性から理性への移行である、ということははっきりとは言われていない。しかし二〇一三年の論文「形而上学の根本的問いに対するシェリングの答え」[5]においてマルクス・ガブリエルは、ジジェクの用語を継承しつつ、この点を明示している。ガブリエルによれば、シェリングの後期哲学は形而上学の根本問題――〈なぜそもそも何かがあるものがあるのか、むしろ何もないのではないのか〉――に対する答えなのである。

〈なぜそもそも何かがあるのか〉という問いには〈なぜそもそも理性や自由のようなものがあるのか〉という問いも含まれている。〈なぜ理性があって、非理性があるのではないのか〉と問うことによって、シェリングはカントの《理性の事実性》の立場を超えて《理性の偶然性》の立場に立つ。もの自体は理性の前提としてたんに仮定されるだけではなく、なぜ理性はもの自体からこのようなものとして出現しえたのか、ということが問われなければならない。こうして〈根本的問い〉は「もの自体の現象化の理論（Theorie der Phänomenalisierung des Dings an sich）」[6]になる。――以上がガブリエルの主張の大意である。

（1）F. W. J. Schelling, *Grundlegung der positiven Philosophie. Münchner Vorlesung WS 1832/33 und SS 1833*, Torino: Bottega d'Erasmo, 1972, S. 222.
（2）スラヴォイ・ジジェク『仮想化しきれない残余』（松浦俊輔訳）青土社、一九九七年。
（3）同、三二一頁。
（4）同、三二一―三二三頁。
（5）この論文の概要については本書の第三部・第五章を参照されたい。

さてジジェクとガブリエルはシェリングの後期哲学を――上記のような意味での――《In-itself》ないしもの自体の「現象化の理論」と解するわけであるが、そのとき彼らはともにホグレーベの『諸世界時代』研究をふまえている。したがって彼らの発言を正しく理解するには、ホグレーベのシェリング解釈に目を通しておくことが必要になる。そこでしばらくの間、私たちもホグレーベの所説を見ていくことにしたい。

三　後期シェリングにおける現象化の問題

Fa判断

ホグレーベの場合、ジジェクやガブリエルの言う「現象化」に相当しているのが「（世界の）発生（Genesis）」である。しかし世界の発生は「述語づけ（Prädikation）」と関連させられている。

『諸世界時代』というシェリングの形而上学的企図は、その内的方法論にしたがって見るならば、なによりもまず述語づけの解釈学とでも名づけうるようなものにほかならない。〈述語づけの解釈学〉は〈述語づけの図式を世界の図式として説明するもの〉とも言いかえられる。[7]

形而上学とは（a）単称判断（Fa）の構造を世界の構造と見なして、（b）それを一文字ずつ判読することである。[8]

ホグレーベによれば、〈このものはかくかくしかじかのものである〉（Fa）という型《タイプ》の判断（単称判断）は、世界と精神との間でおこなわれる認識上の同化についての基本的証言である。それゆえ第一に、単称判断の成立（述語づけ）は世界に関する認識の成立である。しかし第二に、言いかえるとこれは、認識されるかぎりでの世界の発生（つまり、世界が理性の網のなかに捕捉されること＝現象化）でもある。要するに、世界の発生としての現象化は、ホグレーベにおいては、Fa判断の成立と同義なのである。

（a）については以上である。それでは（b）はどのようなことであろうか。

〈ある命題を理解する〉とは〈その命題が真であるとすれば事実はどうであるのかを知る〉ということである。……これによって私たちはこの単称判断（Fa）について――それが真であるための条件を分析するにあたって必要な――一般的理解を手に入れる。[9]

（6）ガブリエル「形而上学の根本的問いに対するシェリングの答え」一八〇頁。
（7）ヴォルフラム・ホグレーベ『述語づけと発生――シェリング『諸世界時代』の形而上学』（浅沼光樹・加藤紫苑訳）法政大学出版局、二〇二一年、一〇―一一頁。
（8）同、五一頁。
（9）同、五二頁。

ここで言われているように、単称判断（＝認識される世界）の構造を「一文字ずつ判読する」というのは、単称判断が真であるための条件を分析するということである。ホグレーベのあげている条件は数多くある。そのうち最も重要なのが「述語づけの開始条件」と呼ばれる条件である。

ホグレーベによれば「述語づけの開始条件」とは「私たちのあらゆる認識的努力の探求ベクトルが向かう先[10]」であり、これは「代名詞的〈ある〉」とも呼ばれている。「代名詞的〈ある〉」の詳細は後回しにして、今はそれが「任意のFが属するものではなく、あらゆるF、それゆえΦが属するもの」であり、また「任意のaによって指示されるものではなく、あらゆるa、それゆえxによって指示されるもの[11]」である、ということにのみ注目しておこう。このもの、つまりΦxは私たちの〈一にして全（*Ein und Alles*）〉である。それは包括的意味において〈あらゆるものの源泉〉である。それは、それ自体はいかなる輪郭ももたないが、あらゆるものを身に纏うことができる。それは、それ自身は単称名辞と一般名辞に対して無差別である何かである。私たちが総じて関係するものは、〈何か或るものであるような何か或るもの（*irgendetwas, das irgendetwas ist*）〉である[12]。

したがって、私たちはこの「第一様態（Prim-Modalität）」へと回帰することによって可能なものの総体に到達[13]」するが、これとともに私たちには「空間・時間的に実現されるあらゆる可能性に発展開始の機会が与えられる[14]」のである。「述語づけの開始条件」のもつ、このような性格をふまえるならば現象化の、つまり「宇宙（世界）」の発生の形式的な構造は〈つねにxとΦであったものがFaになった〉というものである」[15]。

さて、この「私たちのあらゆる認識的努力の探求ベクトルが向かう先」（Φx）は、あらゆる「単称名辞と一般名辞に対して無差別である」のだから、かろうじて《これ》という代名詞によって直示しうるのみである。それゆえ、このものをホグレーベは代名詞的〈ある〉（pronominales Sein）と呼んで、名詞的〈ある〉（a）、述語的〈ある〉（F）、命題的〈ある〉（Fa）から区別している。

あたり前のことだが、名詞的〈ある〉（a）、述語的〈ある〉（F）、命題的〈ある〉（Fa）のいずれでもないのだから、この代名詞的〈ある〉（Φx）に対しては「探求指令（特定の述語）も特殊な探求領域（特定の単称名辞、目印となる特徴）も私たちは自由に用いることができない」[16]。したがって、このものを（特定の単称名辞や述語を用いることで）明確に規定しようとしても、結局私たちの手中には何も残らず、言葉はいたずらに滑り落ちるしかない。要するに、私たちはFa判断の条件を求めて、次第に「前言語的水準（vorsprachliche Niveaus）」[17]に足を踏みいれつつある、というわけである。

（10）同、八四頁。
（11）同、八七頁。
（12）同、八五―八六頁。これは実質的に言ってカントの「超越論的理想」と同じものであるが、シェリングはそれを存在論的に読みかえているわけである。同、八六―九三頁、参照。
（13）同、八九頁。
（14）同。
（15）同、九一頁。
（16）同、八七―八八頁。

ところで「なぜそもそも意味があるのか、なぜ意味の代りに無意味があるのではないのか[18]」という問いが発せられるのは、ここである。つまり、脚下に「前言語的水準」が忽然と現われ、私たち自身も含めた世界の全体がそこへといわば沈没しつつあるとき、まさにこのような問いが私たちを襲うのである。というのも、Fa判断の成立条件を探し求める途上で、いまや私たちは〈命題や判断によって表現される領域〉――ホグレーベの言葉をもじって言えば〈意味の保全地区[19]〉――からの立ち退きを余儀なくされているからである。とはいえ、〈意味の保全地区〉に執着があるかのような、このような消極的な〈ものの言い方〉はシェリングには似つかわしくないだろう。彼の本来の意図からすれば、私たちはむしろ積極的に「意味論的次元の発生を説明するために……この次元を粉砕しなければならない[20]」と言うべきなのである。

世界公式

しかし意味論的次元を粉砕する必要が私たちにあるとして、その可能性の理論的根拠はどこにあるのだろうか。この粉砕の根拠はシェリング独自の判断論にある。この判断論は『人間的自由の本質』序論部における同一性の説明に際してすでに完全な形で展開されていた。それによると〈何か或るものであるような何か或るもの[21]〉をx（= Φx）とすると、このx（= Φx）はaであるとともにFでもある。したがってFaは、〈aであるx〉と〈Fであるx〉という二つの判断によって構成された、いわば二重になった判断、要するに〈判断の判断〉なのである（図1）。

すると同時に、ここからわかるのは、三つの契機のそれぞれが自立しうる全体である、ということである。したがって〈aであるx〉、〈Fであるx〉、〈Faであるx〉として、これらはおのおのが独立しうるのだから、Faは三つのポテンツに、つまりa、F、Faに分解できる、ということになる。ただし分解の際に、これらの各ポテンツは意味までも携えていけるわけではない。というのも、たんなる一ポテンツとしてのFaにとどまらないFa構造そのものが意味の基本単位である以上、このFa構造の実現以前には何ものといえども意味をもちえないからである。その結果、三つのポテンツへの分解にともない「無意味の制御不能な散逸が生じる」[22]が、私たちはこの状態を耐え抜いて、三つの「分裂した述語的原子核の亜原子的要素」[23]を用いて命題構造へと復帰しなければならないのである。

今は復帰の過程は省略することにして、ただ結果（復帰した状態）にのみ注目するならば、それは次のような公式[24]によって表わされている（図2）。

$$a = x$$

$$\frac{F_x}{F_a}$$

図1

(17) 同、五九頁。

(18) Schelling, *Grundlegung der positiven Philosophie*, S. 222.

(19) ホグレーベ『述語づけと発生』一三頁、参照。

(20) 同、九二頁。

(21) 『〈新装版〉シェリング著作集』第4a巻、文屋秋栄、二〇一八年、八二―八三頁、参照。

(22) ホグレーベ『述語づけと発生』九二頁。

(23) 同。

つまり、Faという意味論的宇宙は〈aであるx〉、〈Fであるx〉、〈Faであるx〉という三つの前意味論的ポテンツにいったん分解され、そこから再び合成されるわけだが、この操作を通していまやはじめて意味論的宇宙の真の姿が露わになるのである。この世界公式が表現しているのは、そうした意味論的宇宙の実相にほかならない。ちなみに、これらの記号のうち、Bはaに、AはFに対応する。したがってA^2は$A=B$、つまりFaである。さらにA^3は分母である$A^2=(A=B)$が——したがってFa構造が——そのようなものとして（それ自体として）成立していることを表わしている。

$$\left(\frac{A^3}{A^2=(A=B)}\right)B$$

図2

ところでシェリング自身は「図解のために私たちが世界公式によって表示しうる全体は、分かちがたく結びついた〈一にして全〉（ἓν καὶ πᾶν）である」[25]と述べている。けれども、この〈一にして全〉には一見して奇妙な特徴がある。というのも、命題によって表わされうる意味の領域がまるごと括弧で括られて、その横に記号Bが描かれているからである。それだけではない。認識論的宇宙の外部にあるBは、よく見るとその内部にもあって、しかもその位置は右下、言いかえると、ちょうどこの意味論的宇宙全体の起点なのである。その際、これが記号Bによって表記されていることにも留意すべきである。つまり、意味論的宇宙がA^3として成立しているならば、そのA（意味）に端的に対立するもの（無意味）を記号Bは表示している。たしかにBはAによって三重に覆われ、入念に隠されている。しかしこの奥深く秘匿されたB（無意味）は、この意味論的宇宙がそこから生起する胚子でもあるのだ。

ホグレーベ自身は一種のジレンマを表現するものとしてこの公式を解している。彼の理解に従えば、どれほど緊密に構成されようと意味論的宇宙は、それに解消できない外部の何か（要するに、意味でないもの＝括弧外のB）に依存している、という致命的脆弱性をもつ。しかもこの脆弱性は原理的に除去できないのである。なぜならば、それ自体が存立するために意味論的宇宙は、この何か（＝括弧内のB）による不断のエネルギー供給を必要としているからである。

しかしこの公式の核心に至るには、私たちはもう一歩だけ奥に踏みこまなければならない。すなわち、A^3という命題構造はたんにそれだけで存立しているわけではなく、さらにA^2＝（A＝B）という下部構造をもつ。このことに目を向けてみよう。このA^2＝（A＝B）からA^3への移行がまさに意味論的宇宙の発生（現象化）にほかならないのだが、その前に立ちふさがっているのが「述語的回転（Prädikative Rotation）[26]」と呼ばれる事態である。――Bから出発し、BとAの同一性を確立するためにA^2へと至ったとしても、このA^2はたんなる可能性にとどまるために、そのままでは現実性へ移行できず、結局Bへ逆戻りしてしまう。――この〈振り出しに戻る〉が永遠にくりかえされる悪夢的状況に、ホグレーベが与えた名が「述語的回転」である。この「述語的回転」をふまえて先

（24）Schelling, *Die Weltalter*, in: *F. W. J. von Schellings sämmtliche Werke*, Hrsg. v. K. F. A. Schelling, Abteilung 1, Bd. 8, J. G. Cotta'scher Verlag: Stuttgart und Augsburg, 1861, S. 312.
（25）Ibid.
（26）ホグレーベ『述語づけと発生』一二八頁。

の世界公式を見直すことにしよう。
「述語的回転」を顧慮すると、$A^2=(A=B)$という図式は盲目的生成を表わす図式でもある、ということになる。盲目的生成とは、あらゆる差異を――それが確立される寸前で――たえず飲みこみながら、ひたすら空転するだけの生成のことをいう。そのようなものであるかぎり、この盲目的生成が生み出すのは〈自分自身に似ていない(sui dissimile)もの〉、自己自身と同一でないもの、要するに、同一律に反する何ものかであり、したがって――同一律の支配する領域でのみひとは正気でありうるならば――〈ひとを狂わせるもの〉でもある。狂ったように回転するこの車輪に仮に《ブレーキをかける》ことができたなら、そのときはじめてA^3が成立するだろう。しかしこれは二つのことを意味している。

第一に、つきつめて言えば、それは$A^2=(A=B)$とA^3の間には《ブレーキがきいている》か否かという相違しかないということ、つまり狂気と正気の間には紙一重の差しかないということである。言いかえると、意味論的宇宙と言われるものは、かりそめに正気(意味)の衣をまとった狂気だ、ということになる。

しかしそれだけではない。第二に、$A^2=(A=B)$とA^3の間には《ブレーキがきいている》か否かという相違しかない以上、この違いを度外視してしまえば、「述語的回転」というこの空転する過程《プロセス》そのものが、私たちの意味論的宇宙においてもなお、その鼓動を刻む当体、その心臓部だということになる。あるいは、先ほど語られたように、意味論的宇宙のエネルギー源がBならば、それを宇宙全体に送り出し、行き渡らせるのが「述語的回転」だと言うこともできるだろう。

このような二重の意味において「ただ狂気（Wahnsinn）があるがゆえに意味（Sinn）はある(27)」と言われる。「述語的回転」をめぐる洞察のうちに〈ある〉は無意味である（Sein ist Unsinn）という世界の秘密があきらかになるのである。

四　〈ある〉と理性についての刷新された理解

述語も命題も〔世界公式においてBによって表わされる〕代名詞的〈ある〉を抹消できない。言いかえると、意味論的観念論は代名詞的〈ある〉において挫折するのである。〈何か或るもの〉は〈合理的なもの〉に突きささった〈合理性以前の棘〉である(28)。

このホグレーベの言葉を、私たちの関心に引きつけて言い直せば〈後期シェリングの現象論の実質は意味論的観念論の批判にある〉となるだろう。しかしこの批判は破壊に終始するのではない。シェリングは、ある意味で分析的な観念論者とも名づけうる思想家である。しかしシェリングが

（27）同、一六〇頁。
（28）同、一五九―一六〇頁。

分析によって解体するのは、結局のところ観念論そのものであり、彼が分解生成物として手にするのは観念論とは似て非なるものである。(29)

この「観念論とは似て非なるもの」が批判の積極的成果である。それは第一に「〈ある〉の意味は意味論的に組織された私たちの探求の次元を超えた地点にまで及んでいる」(30)という認識である。しかし、このように意味論的次元を超越する〈ある〉について私たちに何らかの情報が与えられているならば、私たちは意味論的次元の外側にある、その周辺地域といずれにしても接触している、ということになる。それゆえ批判の第二の成果は〈脱自的理性〉の概念である。この概念に従えば、私たちは意味論的・感覚的領域の内部で同一性を構築するものの、私たちの精神そのものは非同一的なものとして、そもそもこのような意味論的・感覚的領域の外部にあるのである。

このような前合理性以前の〈ある〉の意味、このような脱自的な存在《概念》は〈何か或るもの〉をあてにしている。〈何か或るもの〉の存在はあらゆる概念性に先行しており、それゆえ〈何か或るもの〉は概念的ではなく、概念なしに、ただ経験的にのみ認証されざるをえない。純粋経験はここでは、〈何か或るもの〉へと代名詞的にかかわる〈理性の脱自〉という様式をとる。(31)

ここからひるがえって見るならば、シェリングの世界公式は〈ある〉と理性の双方の刷新された在り方そのものの図式でもあるだろう。

五　二つの比較——理解のために

ホグレーベの研究に基本的に依拠しながらも、同時に〈同一哲学に対するヘーゲルの批判にシェリングが最終的にどのように応じたのか〉という問題意識のもと、ここまで私たちは〈後期シェリングの現象論〉の解明に努めてきた。不十分な点が多々あることは否定できないが、それでもあきらかになったのは、〈後期シェリングの現象論〉というのは、現象の領域をいわば〈無意味の海〉によって囲まれた〈意味の島〉として描き出すものだ、ということである。ところが、この〈島〉というのも、実際には海山の頂でしかないのだから、〈意味の島〉の大部分は今も〈無意味の海〉に没している。それだけでなく、私たち自身も、この海から陸地へとはい上がり、ついに〈理性〉と呼ばれるものになった、というにすぎないのである。——仮にこのように〈後期シェリングの現象論〉を要約できるとしよう。そうすると、〈後期シェリングの現象論〉とは第一に、〈意味論的観念論〉に対するラディカルな批判として特徴づけられるだろう。しかし第二に、いっそう重要なの

(29) 同、八頁。
(30) 同、一七二頁。
(31) 同、一七四—一七五頁。

は、この批判が〈述語づけの理論〉という形態をとっている、ということである。この二重の特徴を十分に玩味するために、最後にごく簡単にではあるが、シェリングの立場を二人の哲学者のそれと比較してみたい。

主著『シンボル形式の哲学』の第二巻「神話的思考」（一九二五年）[32]においてE・カッシーラーは〈ヘーゲルは『精神現象学』を感覚的確信からではなく、シェリングにならってもう一段階下げて神話的思考からはじめるべきであった〉と述べている。カッシーラーによれば、シェリングによって史上はじめて〈神話は幻想である〉という理解が乗り越えられ、神話的思考にカント的意味での自律性《アウトノミー》を認める道が開かれたのである。けれども、この新カント派の文化哲学者は〈神話的思考が絶対的なものから演繹されている〉という点に疑義を呈し、もっぱら神話的思考の（カント的意味での）批判に、つまりその超越論的諸条件の析出に専心するのである。しかしこれによってカッシーラーは〈意味論的観念論〉を（シェリング的意味で）〈批判〉する――その前意味論的な発生源を突き止める――どころか、逆に〈意味の保全区域〉へと全面的に退避してしまっている。このように当初シェリングの洞察の極めて近くにありながら、カッシーラーは次第にそこから遠ざかってゆく。ヘーゲルを超えて後期シェリングへと進むと思いきや、身をひるがえしてヘーゲルからカントにまで一気に撤退してしまうのである。

一方、M・ハイデガーの講演『形而上学とは何であるか』（一九二九年）[33]によれば、〈形而上学〉とは〈有るもの〉としての〈有るもの〉を全体として「超えて」出てゆくことである。しかし全体としての〈有るもの〉を超え出るとは、開かれた無の場所に全体としての〈有るもの〉が保たれるということである。「現有《ダーザイン》」とはこの無の場所を開き保つ「超越」そのものである。しかしこの無は通常は隠されており、不安の経験においてのみあきらかになる。不安において〈有るもの〉は個々の〈有るもの〉としての輪郭を失う。全体としての〈有るもの〉が無と一つになって、私たちの手から滑り落ちつつ、見知らぬ姿をあらわにする。ここに「なぜ」が生まれる。つまり「なぜそもそも有るものがあって、むしろ無があるのではないのか」という問いが立てられる。このように「形而上学の根本的問い」とともに、つまり〈意味の崩落〉の経験とともに、ハイデガーは後期シェリングの問題圏に足を踏みいれてゆく。しかしここからハイデガーが『ヘルダーリンの詩の解明』へ向かったとすれば、これに対して当のシェリングは青年時代以来の〈詩〉の誘惑を最終的に断ち切って〈述語づけの理論〉にたどりつくのである。

（32）エルンスト・カッシーラー『シンボル形式の哲学　二』（木田元訳）岩波文庫、一九九一年、特に七—五〇頁。
（33）マルティン・ハイデッガー「形而上学とは何であるか」『ハイデッガー全集　第九巻　道標』（辻村公一／ハルトムート・ブフナー訳）創文社、一九八五年、一二一—一五〇頁。

第四部

反政治の政治学

第一章　反政治と再自然化

一　労働と思想

〈労働と思想〉という見出しを掲げておいて、いきなりシェリングの話をはじめるのを訝しく思う人もいるかもしれない。ある程度ヨーロッパ思想史に詳しい人ならばなおさらそう感じるであろう。シェリングと言えば、いささか現実離れしている自然・芸術・神話の哲学者ではなかったか。同様にドイツ観念論の代表者と見なされているヘーゲルならばいざしらず、〈労働〉がシェリング哲学の中心概念の一つであるとは言えないのではないか、と。

なるほどその通りかもしれない。まずは話題を労働に限定せずに、視野を広げてみる必要があるだろう。しかし社会や政治の領域にまで範囲を拡大したところで、事態は一向に改善しないように思われる。フィヒテやヘーゲルと違い、シェリングは社会哲学・政治哲学に関するまとまった著作を残しているわけではない。そのような事情も手伝ってシェリングが社会や政治の問題に積極的に取り組んだという印象は極めて希薄である。

それにもかかわらず、この種の迂回をおこなうならば、まだしも頓挫の危険は少ないかもしれない。シェリング研究の進展、あるいは大陸哲学の情勢の変化とともに、社会哲学ないし政治哲学という文脈のなかでシェリングを論じる可能性が、少しずつではあるけれども開かれつつあるからである。労働の問題をシェリングにおいて論じうる日が近い将来おとずれるかもしれない。そのような期待を抱きつつ、一つの準備作業として、ここでは最近の二つの研究を導きの糸としながら、特に政治哲学の文脈のなかでシェリングの思想がどのような意味をもちうるのか、その可能性を模索してみたい。

二　反政治

シェリングと政治

カント、フィヒテ、ヘーゲルなど、ドイツの古典的哲学者のなかで、シェリングは例外的に非政治的な哲学者と見なされてきた。こうした評価は一九八〇年代の終わり頃まではごく一般的であった。すでに述べたように、その主な理由は、カント、フィヒテ、ヘーゲルに匹敵する法哲学、政治哲学に関する著作がシェリングにはなかった、ということにある。またヤスパースの影響も無視できない。シェリングには社会的現実を理解する能力が根本的に欠落していると断じ、〈現実に目を閉ざし、理念の世界へと逃避する哲学者〉というイメージを定着させたのは彼であったからである。[1]

他方、シェリングを政治的思想家と解する研究者も皆無だったわけではない。シェリングの法哲学・政治哲学関係のテキストは分量的には決して多いわけではなく、しかも複数の箇所に分散している。ホラーバッハはこれらを丹念に収集・分析することによって、シェリングの国家観の変遷をあきらかにした。彼の暗黙の意図は政治的思想家としてのシェリングの横顔を素描することにあったのかもしれないが、先の通念を覆すまでには至らなかった。

変化の兆しが見えはじめたのはシュラーベンの『哲学と革命』(一九八九年)出版の頃からであろうか。彼は『日記』という新資料を武器に、一八四八年の革命に対するシェリングの態度を詳細に追跡したが、これによって社会的現実に強烈な関心を示し、追随しようとする彼の姿が浮き彫りとなった。ヤスパースのテーゼの、少なくとも前半部(社会的現実に目を閉ざす)はにわかに疑わしくなった。

ところがシェリングが社会的現実に無関心ではないとすると、あらためて二つの問題が浮上してくる。(一)シェリングは当時の社会的現実をどのように理解し、それに反応したのか。(二)シェリングの政治的関心とその政治哲学(ホラーバッハがあきらかにした国家論の変遷なども含め)とはどのように連関しているのか。

これらの問題に対するシュラーベンの回答は満足の行くものではなかった。第一の問題には、ひ

(1) カール・ヤスパース『シェリング』(那須政玄・山本冬樹・高橋章仁訳)行人社、二〇〇六年、三四六―三四七頁、参照。

とまず彼は〈反動的〉という言葉をもって答えているが、同時にそれとは正反対の特徴も見出されるために、いくつもの留保をつけざるをえなかった。第二の問題には、世界全体を対象とするシェリング哲学の体系性を顧慮するならば、彼の哲学は社会的・政治的現実をも包含するべきだと言われているものの、両者の具体的な連関は明示されないままにとどまった(2)。

シュラーベンはなおもヤスパースの呪縛下にある。実際、ヤスパースにおいては、社会的現実から逃避しようとするシェリングの傾向が問題視され、その逃避先が彼の哲学（理念の世界）とされている。たんにその結論だけを見るならば、シュラーベンもまたその見解を踏襲していると言わざるをえない。なぜならば、シェリングの政治的関心と社会的現実との間に、さらには哲学と政治の間に、いまだ否定的な関係か、あるいはたんに不明瞭な関係しか見出されていないからである。

このような状況を打破するために、シュミリュンは〈反政治〉という概念によってシュラーベンの解釈の再検討を試みる(3)。

反政治とは何か

社会哲学や政治哲学の分野でも反政治は十分に定着している専門用語ではない。反政治を主題とする数少ない先行文献を参照しながら、シュミリュンはその一般的特徴を抽出している。

彼の考える反政治の典型の一つをシュミリュンはコンラッドに見出している。反政治は〈人間はその本性上、政治的動物ではない〉と考える。したがって政治的なもの（具体的には国家政策を意味する）は、非政治的動物としての人間〈のそとに〉、つまり人間〈の間に〉生じる事象と見なされている。それゆえ「国家は、廃止しなければならないわけではないが、人間のために、市民のために、その根本的特徴を変更しなければならない暫定的なもの[4]」である。このような政治観・国家観に基づいて反政治は「個人の自由の保証のような主要課題へと国家を制限する[5]」こと、「最大限の自由を可能にするために人間の間にある政治的なものを最小限に制限する[6]」ことを目論む。「反政治は……、それゆえ、国家による〔さまざまなもの〕の形成と国家による〔市民に対する〕影響の行使を阻止するか、あるいは少なくとも制限しようとする試み[7]」である。

このように反政治は政治権力に面し、その統制の機能を担おうとする。にもかかわらず反政治は政治と同じ土俵に立とうとはしない。反政治は、政府の支持者にも反対者にもならず、その外部にあって、政治家が権力を独占しているというそのこと自体に対して疑念を表明しつづけるのである。

（2）マルティン・シュラーベン「シェリングにおける法、国家、政治」、H・J・ザントキューラー編『シェリング哲学——入門と研究の手引き』（松山壽一監訳）昭和堂、二〇〇六年、二六八—二八八頁、参照。

（3）André Schmiljun, *Zwischen Modernität und Konservatismus. Eine Untersuchung zum Begriff der Antipolitik bei F. W. J. Schelling (1775-1854)*, Dissertation, 2015. なおシュミリュンはこの学位論文を元にした共著 André Schmiljun, Volker Thiel, *Schelling und die anti-politische Moderne. Ist die Parlamentarische Demokratie in Gefahr?*, Berlin: Logos Verlag, 2017 を出版している。二つの著書の記述は重複する部分も多いが、ここでは学位論文を用いた。

（4）Schmiljun, *Zwischen Modernität und Konservatismus*, S. 178.

（5）Ibid., S. 17.

（6）Ibid.

（7）Ibid., S. 20.

反政治主義者は逐一国家を批判するが、その際自分自身では、たとえば議会での委任、あるいは統治責任のある職務の形態をとっている、いかなる政治的機能をも引き受けず、それゆえ何よりも専門的な、制度化された政治経営の外部に見出されうる。[8]

言いかえると「反政治主義者はむしろ一つのフォーラムを形成しようとするが、このフォーラムは政治権力という儀式化された舞台から独立に自己を創設しようとする」[9]のである。このことをシュミリュンは、コンラッドの言葉を借りて、反政治は政治的手段ではなく、一種の文化的=道徳的地位によって政治への影響力を行使しようとするとも述べている。[10]

それゆえ、反政治は非政治ではない。非政治は政治に対して中立的ないし無関心な態度をとるが、反政治は政治そのものに対する積極的反対であり、ゆえに政治に対する関心を前提するからである。その意味で反政治は一種の政治的態度であるが、それにもかかわらず自分自身では権力を掌握しようとはしない。現政府に代わる新政府に対しても同様に距離を取ることによって、それは自律性を維持しつつ、政治的なものに対し、たとえそれがいかなるものであろうと、つねに批判的に対峙するのである。とはいえ忘れてはならないのは、反政治には、このような否定的・破壊的な面だけでなく、積極的・建設的な側面もある、ということである。というのも、「政治に対しそれを補完するものを提示する」[11]、あるいは「政治の機能の担い手に警告を発する」[12]という要求がそもそも反政治の概念には備わっているからである。

このようにして反政治の理論の第一の根本的特徴が素描されうる。反政治は二重の論理、一種の弁証法的構造をもつ。この弁証法的構造は、次のことによって特徴づけられる。つまり、それは一方では政治的なものに反対しているが、他方ではその《反対している》ということにおいて、政治的な権力状態の変更のために代替案を、すなわち議会外の議論の提案を定式化しようとするのである。(13)

反政治的哲学者としてのシェリング

シュミリュンによると、このような反政治の特徴をシェリングはことごとく備えている。たとえば、若年から老年に至るまで生涯政治に関心を示しつづけたこと、特に後半生において政治権力の非常に近くにいたにもかかわらず職業的政治家にならなかったこと、さらにまた政治的なもの一般に対し、つまり革命だけでなく、それに対する政府の処置に対しても同様に、いわば無差別に批判的態度をとっていること、最後に政局に対する批判がつねに人間とその自由の擁護に結びつけられ

(8) Ibid., S. 177.
(9) Ibid.
(10) Cf. Ibid., S. 17-18.
(11) Ibid., S. 20. 強調はシュミリュンによる。
(12) Ibid.
(13) Ibid.

ておこなわれていること、などである。
しかし当面の問題は、反政治という概念を導入することによってシュミリュンが、シュラーベンの解釈の問題点を克服しえているのかどうか、ということである。「シェリングが直接的に政治的な態度を示すとき、彼は理念の政治家としてふるまう[14]」というザントキューラーの定式は、シュラーベン以後にあっても残存しているヤスパース的見地を今なお典型的に示している。さてシュミリュンによると、彼らが一致して見落としているのは、反政治的態度における「政治的なものの修正と変更への願望は、代替理念が展開される過程を通して広まっていく[15]」ということである。言いかえると、彼らをはじめとして多くの人々がたんなる理念への逃避と見なしているものは、反政治の文脈においては——したがってシェリング自身にとっては——逃避どころか、それとは正反対の意味を有しているのである。もし万が一、これが逃避にしか思われないとしたら、それは反政治的態度に対する根本的な無理解のせいかもしれない。半ば政治外的な圏域からの代替案の提示は、完全に政治内在的な見地から眺めると非現実的にしか見えない、ということもありうるのではないだろうか。

シェリングの反政治は、それが国家に反対している、ということによってのみ特徴づけられるのではない。むしろシェリングの反政治はものの見方の変更を提案する。そのような提案は、ある場合には、国家はどのような性質をもっているのか（機械的）、もしくはもつべきであるのか（有機的ないし美的）についての、固有の思弁的解釈の遂行によっておこなわれる。もしくは別の場合には、さまざまな根本的確信を樹立すること、それゆえ、彼の見地からみて政治的システムのなかでしばしば極めて等閑にされてきたもの、たとえば、自由と人格の諸原理や宗教の理念のような主要な諸理念を樹立することによっておこなわれる[16]。

たしかに一見すると、シェリングの提案は「過去の再正当化と社会的・政治的な旧体制への回顧[17]」のように思われる場合もあるが、その意図は一貫して「現存しているものを別の仕方で、なおかつ、それにもかかわらず改善へと向かいつつあると見なしうるように叙述すること[18]」なのである。以上のような考察をふまえてシュミリュンは先のザントキューラーの定式を修正し、「シェリングが政治的に考え、政治的なものに対して態度を決めるとき、彼は反政治的にふるまう[19]」と結論づけている。

(14) Hans Jörg Sandkühler, "F. W. J. Schelling - Philosophie als Seinsgeschichte und Anti-Politik," in: *Die praktische Philosophie Schellings und die gegenwärtige Rechtsphilosophie*, hrsg. von Wilhelm G. Jacobs, Guiseppe Orsi, Otto Pöggeler und Wolfgang H. Schrader, Stuttgart-Bad Cannstatt: frommann-holzboog, 1989, S. 207. Cf. Schmiljun, *Zwischen Modernität und Konservatismus*, S. 21-22.
(15) Schmiljun, *Zwischen Modernität und Konservatismus*, S. 21.
(16) Ibid., S. 21-22. 強調はシュミリュンによる。
(17) Ibid., S. 22.
(18) Ibid.
(19) Ibid.

第一の例として

シュミリュンによれば、反政治はむしろ現代的な現象である。というのも彼は、一九世紀よりも現代の私たちのほうが、このような反政治的領域の存在と重要性を身をもって知っている――具体的には、政治以前の領域における、権力をもたない人々の政治に対する批判や、政治的手続きを経ない改革の提言や警告を身近に感じている――と述べているからである。[20]しかしここで注目したいのは、この反政治という新しい概念がシェリングと政治という古い問題をより適切に処理しうる枠組を提供している、ということである。すなわち、反政治という概念は、シェリングを政治哲学の文脈で理解するには、私たちの側で政治の概念を拡張ないし再定義する必要がある、ということの第一の具体例なのである。

三　再自然化

グラントの思弁的実在論

ここまで本書を読み進めてきた人には、思弁的実在論という思想運動の発端が二〇〇七年にゴールドスミス・カレッジで開催されたワークショップであり、四人の登壇者の一人がイアン・ハミルトン・グラントというシェリング研究者であったことはあらためて指摘するまでもないだろう。思弁的実在論というのは、ポスト構造主義以後の哲学潮流の一つであった。それは〈実在は間主観的に構成されたものである〉とする社会構築主義に代表されるような、相関主義の立場を否認し、たんに主観に対立する一方の極としての実在ではなく、「人間の意識と制御の彼方にある実在[21]」を指向する。この実在そのものは、主客関係のなかに囚われている私たちには奇怪なものと映らざるをえず、その意味で思弁的実在論は、感覚されるがままの実在の存在を認める素朴実在論の対極に位置するとされる。

「人間の意識と制御の彼方にある実在」をいかに解するかは四者四様であり、グラントはそれを――伝統的な言葉で言えば――一種の〈能産的自然〉と捉えていた。同時にグラントは、シェリングを「この呼称が発明される以前の思弁的実在論者[22]」と見なし、彼自身によって再解釈されたシェリングの自然哲学をほぼそのまま自己の哲学的立場としていた。このシェリング的な能産的自然においては主に二つの点が問題となる。（一）人間と自然の関係性と（二）自然そのものの性格である。すなわち、第一に、自然は私たち人間に対峙している何ものかではない。それは「客体というよりも基体、たんに人間の反省の対象というよりも人間の主観性の根底にして条件[23]」と見なされなければならない。第二に、この「人間の主観性の根底にして条件」としての自然は固定した事物で

（20）Cf. Ibid., S. 184-185.
（21）Elizabeth Grosz, "Matter, Life, and Other Variations," in: *Philosophy Today* 55, 2011, p. 17.
（22）Gratton, *Speculative Realism*, p. 112.
（23）Joseph P. Lawrence, "Review of *On an Artificial Earth: Philosophies of Nature after Schelling*," in: *Notre Dame Philosophical Reviews*, 2007.

はない。それは生成のダイナミズムそのもの、決して汲み尽されない力能と見なされなければならない。このように理解し直された自然、私たちの主観を含めたいっさいの事物の「究極の《根底》は、それゆえ一種の生成であり、根底というより、実在の流砂である」[24]。この「実在の流砂」の上で、自然に対する人間の優位という幻想は崩落し、この新たな光のもとで両者の関係が再定義される、という言い方もできるかもしれない。

思弁的実在論の政治哲学的含意

思弁的実在論には政治哲学への志向が見られないという意見もないではない[25]。しかし、その思弁的実在論の概説書においてピーター・グラットンは「思弁的実在論の政治的含意[26]」に光をあてるために、グラントの思弁的実在論を「同調者[27]」であるジェーン・ベネットおよびエリザベス・グロスの思想と一緒に紹介するという方法をとっている。

異なったスタイルで執筆しているにもかかわらず、これらの著者は全員、《自然》を人間存在とその文化的行為のたんなるあちら側と考えないように注意を払いながら、自然は人間を超えているとともに人間を貫通している固有の力を所有している、という自然についての重要な考察を共有している[28]。

しかしながらグラントからベネットおよびグロスへと視線を移すにともない、存在論的色彩が薄れ、むしろ政治的色彩が濃くなってくる、とグラットンは言う。どのような意味でそのように言われるのであろうか。

再自然化とは何か

ベネットも、グロスも〈実在は間主観的に構成されたものである〉とする社会構築主義に対する批判を、他の思弁的実在論者たちと共有している。しかしグロスが、この批判を〈再自然化〉の試みと呼び、みずから遂行するとき、不意にそれは政治的色調を帯びはじめる。

先行世代においては〈脱神話化（脱神秘化）〉と呼ばれる文化批判が一世を風靡した。それによると、社会的・政治的差異は権力者によって〈自然なもの〉として正当化される。たとえば、男性が女性よりも優位であるのは、それが自然だからだと言われる。性差のみならず、人種や異性愛の場合でも、同様の主張がなされる。これに対して先行世代は、そのような差異は決して自然なものではなく、社会的に構成されたもの、その意味で実体のないものであることを暴露しようとした。こ

（24） Gratton, *Speculative Realism*, p. 113.
（25） たとえば、千葉雅也、東浩紀「【対談】神は偶然にやって来る——思弁的実在論の展開について」『ゲンロン2』株式会社ゲンロン、二〇一六年、参照。
（26） Gratton, *Speculative Realism*, p. 116.
（27） Ibid.
（28） Ibid., p. 110.

のように〈自然と見なされるものの背後に人間（の権力意志）が隠れているのをあきらかにする〉のが脱神話化である。これをグロス自身は力点を自然に移して〈脱自然化〉と言いあらためる。グロスは、このような脱自然化の試みがまったく無意味だった、と言おうとしているのではない。これはたんなる通過点であり、さらに再自然化へと進むべきだというのが、彼女の主張である。

> これらの誤った自然主義の打破はよりよい自然主義によってなされるべきであり、社会的言説の分析によって実在から撤退することによってではない(29)。

このような再自然化の試みは「政治的思考における反転(30)」に見えるかもしれない。しかしこの反転はたんなる逆戻りではない。なぜならば、二つの自然、私たちがそこから立ち去った自然とそこへと帰還しようとしている自然は、性質をまったく異にしているからである。以前、自然は言説によっていかようにも加工しうる、不活性な素材と見なされていた。だが再自然化の自然はもはやそうしたものではない。

これによって社会的・政治的差異の問題がどのように論じられるかは後回しにし、まずは再自然化の議論の眼目を押さえておこう。それは、私たちがもっている自然の概念そのものを変更し、その基礎の上に社会や国家など、一般に文化と呼ばれる領域の理解を再構築しようとする点にある。しかしそうすると、政治についての既存の理解がそのまま温存されることはありえない。既存の理解に基づいて、その枠組のなかで政治について何か新しいことを語ることが問題なのではない。政治の意味そのものが再定義されなければならず、この再定義にこそ再自然化の政治的含意、「政治的思考における反転」の意義は存するのである。

再自然化の政治学

「政治は……自然の向こう側で、あるいは自然なしに生じている何ものかではない[31]」。政治と自然は「対立しているものではなく、互いに互いを含んでいる一にして同一の力の異なった度合い[32]」にすぎない。このような仕方で人間と自然の境界が取り払われることによって、政治の領域に人間と並んで、また人間自身の内部にも、自然が侵入してくる。

人類が自然の部分であると公認するならば、個人を次のような複雑な歴史をもつものとして理解しなければならない。この歴史は多数の物体および心へと晒されているとともに、周囲の諸力と新しい組合せを形成する用意があるようなものである[33]。

(29) Ibid., p. 8.
(30) Ibid.
(31) Ibid., p. 129.
(32) Grosz, Matter, "Matter, Life, and Other Variations," p. 20.
(33) Hasana Sharp, *Spinoza and the Politics of Renaturalization*, University of Chicago Press, 2011, p. 8.

このような人間と人間でないものとの集合体が政治の新たな主体であり、もはやたんに人間のみがそうなのではない。まさに「このような人間と人間でないものとの集合体について語ることなしに政治をおこなうことは、私たちの政治の定義をあまりに狭いものにするだけではなく、人間と他の存在にまさに政治的な影響をおよぼす多様な力を記述しそこなうことも意味する[34]」のである。

さらにまた「再自然化の政治学は……人間の現実が次のような力の場の内部で、つまり人間の繋茉に無関心であるような力と対抗力によって構成されている、そのような力の場の内部で生み出されていることを承認し、このようにして人間の現実を脱中心化する[35]」。それゆえ、「このような人間と人間でないものとの集合体」は、いっさいの目的論を欠いた変化の「発芽しつつある種子[36]」でもある。「なぜならば、自然は生ける力であり、その力は〔たしかにどこかへと〕誘われているが、完全に何らかの一定の方向に向けて誘われているわけではないからである[37]」。この集合体は、人間の――あるいは場合によっては何らかの神的存在の――目的や意図を超え、つねにそれを裏切る仕方で生成しつづけるのである。

したがって、再自然化の政治学が社会的・政治的差異の本質主義（悪しき自然主義）を打破するのは、「固定された本質や不変の特質[38]」や、そうしたものの「線型的ないし前進的発展[39]」など存在しないという、その自然観によってである。社会的・政治的差異は、むしろこのような自然に根ざすことによって、もはや固定化したものとしてではなく、まったく意外なものへと変貌しうる可能性を秘めたもの、あるいはそのような可能性そのものとして把握し直されるのである。

シェリングと〈再自然化の政治学〉

ベネットおよびグロスの思想をグラントの実在論の反面と見なすことによって、グラットンは思弁的実在論の政治的含意を引き出そうとした。その企てを一応成功しているものと見なしうるとしよう。そうするとこのような連関を逆にたどって、グラントの思弁的実在論や、さらには彼が依拠しているシェリングそのものに、このような政治的含意に類するものはないか再検討してみたくなる。その場合に鍵になるのは、自然概念を抜本的に修正することによって文化現象一般の意味を再考するという、再自然化のプログラムであろう。

この鍵を手にして、グラントおよびシェリングにあらためて目を向けてみると、同様のプログラムがシェリングに見出されるというだけでなく、グラントもその存在に気づいていたように思われる。グラントがシェリングの『人間的自由の本質』に言及している箇所[40]を見てみよう。グラントが注目しているのは、同書において人間の自由が主題とされているからと言って自然哲学は捨てられ

---

(34) Gratton, *Speculative Realism*, p.124.
(35) Sharp, *Spinoza and the Politics of Renaturalization*, pp. 174-175.
(36) Gratton, *Speculative Realism*, p. 124.
(37) Ibid.
(38) Elizabeth Grosz, *The Nick of Time: Politics, Evolution and the Untimely*, Duke University Press, 2004, p. 19.
(39) Elizabeth Grosz, *Time Travels: Feminism, Nature, Power*, Duke University Press, 2005, p. 30.
(40) グラント『シェリング以後の自然哲学』三二一頁。

るわけではないこと、それどころか人間的自由を考察するための基盤を与えているのは自然哲学である、ということである。このような見地からグラントは『人間的自由の本質』に「最初の《道徳の地質学》」[41]を読みとろうとさえしている。この事実のうちに私たちは、グラントの思索が――ドゥルーズ＝ガタリを介して――ベネットやグロスの思想と共鳴していることを再確認しうるわけだが、いずれにしても『人間的自由の本質』が、『超越論的観念論の体系』などとともに、シェリングの実践哲学がつねに自然哲学によって媒介されていることの好例であるのは間違いないだろう。たしかにこのような迂回は再自然化と呼ぶ以外にないようなものである。もっとも自然哲学一般への関心が強いためか、残念ながらグラント自身は、このような観点からシェリングの実践哲学を主題的に論じているわけではない。

それはともかくとして再自然化の方法ないし戦略は、思想史的に言えば、シェリングにおいて準備され、すでに独自の仕方で遂行されていたと見なすことができる。したがって再自然化をめぐる現代の議論をふまえながら、その光のもとで再度、シェリングの実践哲学を見直してみる価値は十分にあるであろう[42]。

四　反政治と再自然化

本章において見てきたのは、シェリングを政治哲学の文脈で理解するには、あらかじめ私たちの側で政治の概念を拡張もしくは再定義する必要がある、ということの二つの例である。ところでここまで私は、反政治と再自然化という二つの概念をひとまず別個のものとして扱ってきた。しかし実を言えば、同時にひそかに両者の間に一つの連関を想定してもいたのである。それは、シェリングにおいて反政治は再自然化によって可能になっているのではないか、というものである。実際にこのような関係性が成立しているか否かは、十分な検討を経た上でなければ、軽々に言うことはできない。だがいまは私の憶測だけを述べるならば、このとき反政治は――無機的自然から人間の社会的・文化的活動の領域までを貫き、それによって私たちの既存の理解を抜本的に変更してしまうような――再自然化の運動を背後に蔵しているのではないだろうか。

冒頭でふれたように、労働の問題を明示的に扱っているシェリングのテキストは現時点では見つかっていない。しかしだからといって、シェリング的思惟において労働の問題が原理的に論じられない、ということにはならない。ここで私が暗に言いたかったことは、シェリング的思惟においては、他の社会的・政治的問題と同様に、労働の問題も〈再自然化に基礎づけられた反政治〉という基本的構図の上に論じられるべきなのではないか、ということである。その際に示唆的なのは、彼女の再自然化の政治学においてグロスが、ヘーゲルの承認概念とそれに基づく政治思想を徹底的に批判していることである。[43] よく知られているように、ヘーゲルの労働論はその承認論と切り離しが

(41) 同。
(42) 前掲書 *Spinoza and the Politics of Renaturalization* においてシャープはすでにスピノザに関して同様のことを試みている。

たい一面をもっている。だとすると、私たちの先には労働についてのヘーゲル的理解とは別の眺望が広がっているのかもしれない。

(43) Cf. Gratton, *Speculative Realism*, pp. 129-130.

第二章　〈もの〉の政治的エコロジー——ベネットの生気的唯物論

一　ジェーン・ベネット——人と著作

ジェーン・ベネットはジョンズ・ホプキンス大学で政治学の教授を務めている。単著としては、本章で取り上げる『生動的物質——〈もの〉の政治的エコロジー』[1]以外にも、『思考停止する信仰と啓蒙』[2]、『現代生活の魅惑』[3]、『ソローの自然』[4]、『流入と流出』[5]などがある。だがベネットが多くの

（1）Jane Bennett, *Vibrant Matter: A Political Ecology of Things*, Duke University Press, 2010.（『震える物質——物の政治的エコロジー』（林道郎訳）水声社、二〇二四年。以下、本訳書の頁数を追記する。）
（2）Jane Bennett, *Unthinking Faith and Enlightenment: Nature and the State in a Post-Hegelian Era*, New York University Press, 1987.
（3）Jane Bennett, *Enchantment of Modern Life: Attachments, Crossings, and Ethics*, Princeton University Press, 2001.
（4）Jane Bennett, *Thoreau's Nature: Ethics, Politics, and The Wild*, Modernity and Political Thought Series, Sage Publications, 1994; Second edition, Rowman and Littlefield, 2002.
（5）Jane Bennett, *Influx and Efflux: Writing Up with Walt Whitman*, Duke University Press, 2020.

人々の注目を浴び、現代政治思想の分野で無視できない存在となったのは、やはり『生動的物質』の刊行に負うところが大きい。その後、編纂された二つのアンソロジー『新しい唯物論』[6]および『人間でないものへの転回』[7]（ともに未邦訳）にはベネットの論考も収録されており、わが国でも比較的よく知られている人物をあげると、前者にはロージ・ブライドッティ、エリザベス・グロス、後者にはティモシー・モートン、スティーブン・シャヴィロなどが寄稿者として名前をつらねている。このことからもわかるように、〈新しい唯物論〉と〈人間でないものへの転回〉という二つの新潮流が合流するところにベネットの思想は位置づけられると見なしても、さほど見当はずれにはならないだろう。

二　『生動的物質』の構成

本書『生動的物質――〈もの〉の政治的エコロジー』は〈序〉と〈本論〉から成り、〈本論〉は八つの章によって構成されている。各章の表題を列挙すると、第一章「〈もの〉の力」、第二章「アセンブリッジの作用」、第三章「食べもの」、第四章「金属の生命」、第五章「生気論でも機械論でもなく」、第六章「幹細胞と〈生命の文化〉」、第七章「政治的エコロジー」、第八章「活力と自己利益」となる。

そのような形式的区分が実際にほどこされているわけではないけれども、内容上の大きな区切りが第六章と第七章の間に見出される。つまり第一章から第六章までが主に哲学的内容を扱っている原理部門であるとすれば、第七章と第八章は主に政治的内容を扱っている応用部門である。さらに細かく見れば、原理部門も二つに分けられており、第一章から第四章までが理論そのものの提示に、第五章と第六章がその思想史的反省にあてられている。

ただしベネット自身も言うように、本書の企図は哲学的であるとともに政治的であり、複数の課題を同時平行的に追究するものであるのだから、いま私たちがおこなったような内容上の区分に過度に拘泥する必要はないとも言える。たとえば、ベネットによれば[8]、本書の課題は（一）生動的物質の存在論を積極的に提示すること、（二）生命／物質、人間／動物、意志／決定、有機／無機などの二項対立を無効化すること、（三）人間でないものによる貢献を説明しうるような政治的分析スタイルを素描することにあるが、特に二番目の課題に注目するならば、それは上記の区分をまたいで本書の至るところで追究されている。

（6） Diana Coole and Samantha Frost (eds.), *New Materialisms: Ontology, Agency, and Politics*, Duke University Press, 2010.
（7） Richard Grusin (ed.), *The Nonhuman Turn*, University of Minnesota Press, 2015.
（8） Cf. Bennett, *Vibrant Matter*, p. x.（一八頁）

三　生気論的唯物論の立場――「〈もの〉の力」と「アセンブリッジの作用」

ベネットはみずからが依って立つ思想的立場を〈生気的唯物論（vital materialism）〉と名づけている。この生気的唯物論の基本思想が豊富な実例によって語られるのが前半部（第一章―第六章）であり、なかでも第一章「〈もの〉の力」と第二章「アセンブリッジの作用」である。

〈もの〉の力

「〈もの〉の力」とは何だろうか。何よりもまず〈もの〉という概念は〈対象（object）〉という概念との比較・対立において用いられている。言うまでもなく〈対象〉は〈主観（subject）〉と対をなし、両者は相関関係にある。知覚などを通して〈対象〉は〈主観〉に言葉・イメージ・感情を喚起する。ただし〈喚起〉という事態は一瞬の間に忘れ去られ、私たちは主観的なもの（言葉・イメージ・感情）にのみ関わり合い、そのことに何の疑問も感じていない。しかしこのように通常は特に顧みられることもない〈対象〉――自然物か人工物かの区別は問わない――がにわかに私たちの主観的な言葉・イメージ・感情に解消しきれない存在感を、それ自身がもつ自立した生命の兆候を示してくる場合がある。この経験が極端になると〈対象〉は〈主観〉との相関関係を完全に逃れ出て（主客関係そのものが成り立たなくなり）、〈もの〉ないし〈もの－力（thing-power）〉の世界が、私たちの日常的経験に還元できない自立した領域として開かれてくる。この領域は主客関係（表象）に基づく私たちの日常経験からするとまるで〈平仄の合わないもの〉であり、そのかぎりにおいて「外‐側（out-side）」という意味をもっている。このように以前は〈対象〉であったものが〈外部〉を形づくる〈もの〉へと変貌するという体験を共有することが、本書における考察の出発点となる。このような〈人間でないもの（nonhuman）〉との出会いを追体験しうるために、ベネットは「思弁的存在物語（speculative ontostory）」という手法を採用している。[9]

アセンブリッジの作用

しかしベネットによれば、この〈もの‐力（thing-power）〉の概念は、生気的唯物論の正しい理解にとって二つの弱点をかかえている。第一に、ここでは〈もの〉という確固たる形態をもつ安定した何かが問題となっているような印象を与えかねないし、第二に、〈人間でないもの〉にまで個体の概念を拡張しているとはいえ、必要以上に個体主義的な、言いかえると原子論的な傾向が強すぎるからである。そこで、このような個体主義的・原子論的傾向を中和するために導入されるのが「アセンブリッジ（assemblage）」の概念である。この概念によって、ここで問題となっている作用主体がたんに確固した形態をもつ安定した個体にとどまらないということがあきらかになる。言いかえると、生気的唯物論における作用者とは、人間と人間でないものとの混合からなるそのつどの作

（9） Cf. Ibid., pp. 3-4.（三九頁）

業グループである。そのような作業グループの組成は固定したもの・安定したものではなく、内側に向かっても外側に向かってもつねに変化へと、再編成へと開かれている。そこに見出されるのは〈ものの力〉であるのは間違いないのだが、しかしその力は、さまざまな課題に直面して異質的なもの同士のグループ化をくりかえして止まない〈物質〉の生動性として現われるのである。このようにダイナミックに捉え直された〈もの－力（thing-power）〉の、つまり〈人間と人間でないもののとのアセンブリッジ〉の具体例を求めて、ベネットは〈二〇〇三年北アメリカ大停電〉における送電網に注目し、それについて詳細な分析をおこなっている。

生気的唯物論

二つの単語をいささか強引に直結させる〈もの－力（thing-power）〉という造語によく表われているように、ベネットは〈もの〉と〈力〉を別々のものとして捉えていない。言いかえると、これは、〈もの〉が〈力〉であるために〈もの〉が〈もの〉であるということ以上の何ものも必要としない、ということである。〈もの〉の概念を〈アセンブリッジ〉の概念によって補強した場合にも、この点に関して何ら違いはない。〈アセンブリッジ〉の概念によって〈人間と人間でないものという境界を無視して異質なもの同士のグループ化をくりかえす物質の傾向性〉が考えられているのだとしても、そのような物質の傾向性は〈物質が物質である〉という以上のことを意味していない。みずからの〈唯物論（materialism）〉を名づけるにあたってベネットは〈生気的（vital）〉という形容詞を用いている。しかしベネットの唱える生気的唯物論が伝統的な生気論と異なるのは、それがいま指摘したような特徴をもっているからである。つまり生気的唯物論が生気的唯物論と呼ばれるのは、それが物質を賦活するための別の原理として〈魂〉や〈精神〉のようなものを必要としないからである。しかしこのような心的原理の欠如は存在論的には統一原理の欠如を意味している。したがって、最終的な統一像を結ばないまま、どこまでいっても異種的なもの同士のアセンブリッジが見出されるだけだ、ということになると、この物質一元論としての生気論は同時に非-全体論《ホーリズム》的である――つまりたんに機械論的にというだけでなく目的論的にも統一されていない――だろう。

四　生気論的唯物論の政治的含意

政治的エコロジー

このようにして生気的唯物論の存在論がまがりなりにも素描されたのだとすると、次にその土台の上に政治哲学が打ち立てられなければならない。この第七章が最も構想と執筆に苦労したとベネットは述べているが、[10]ことがらの上から見てもここが最大の難所であることは間違いないだろう。この難問への取り組みは三つの段階を踏んでおこなわれている。最初に参照されるのは熱帯雨林に関するダーウィンの研究である。そこでダーウィンは〈ミミズがたんに自然界のみならず人類史に

（10） Cf. Ibid., p. xviii.（三三二頁）

おいて重要な役割を果たしている〉という結論を導き出している。この研究にベネットは人間でないものを歴史的主体と見なすための手がかりを見出しているが、それだけにとどまらず〈政体をそれ自体として一種のエコシステムとして捉える〉という着想――つまり〈政治的エコロジー〉という本書の政治思想の核となる着想――のヒントを得ている。

しかし、たとえミミズのような人間以外のものをエコシステムにおける重要な作用者と見なしうるとしても、それらを同様に〈公衆（public）〉の一員あるいは政治的主体と見なしうるだろうか。この点については依然として疑わしいと言わざるをえず、そのかぎりにおいて政体とエコシステムの間には――両者を類比的に捉えると言っても――大きな懸隔があるように思われるのである。そこで二つのものの間の隔たりを縮めるためにベネットは〈公衆〉概念の再検討に着手する。最初に参照されているのは、デューイの〈共同行為（conjoint action）〉の理論である。ベネットによれば、デューイの言う〈共同行為〉は、〈公衆〉の出現を背後で支える作用主体であると同時に、〈公衆〉が何らかの結果を生み出すときの作用主体でもある。ところが、このような二重の役割をもっている〈共同行為〉について、デューイはその行為のいくつかが人間以外のものに由来する可能性があることを排除していないのである。

第二の手がかりは、ランシエールの〈断裂（disruption）〉の理論である。ランシエールの関心は〈公衆〉の出現よりも、〈公衆〉の見かけ上の首尾一貫性を中断しうるようなもろもろの手段に寄せられているように見える。ランシエールによれば、そもそも〈政治〉とは既存の政治的秩序の維持やすでに定式化された問題に対する応答にではなく、むしろこのような秩序を混乱に落し入れる行為に与えられるべき名前なのである。たしかにランシエールは政治をもっぱら人間の努力によって構成されている唯一無二な領域として捉えようとしている。それにもかかわらず、ベネットはランシエールのデモ概念や政治的行為の定義のうちに――彼自身の公式見解に逆らって――それらを人間以外のものにまで拡張しうる可能性を読み取ろうとしている。

環境保護主義との対決――自己と自己利益の概念

これによって生気的唯物論に基づく政治理論という難問が解決されたとは言えないだろうが、ベネットはひとまず話を打ち切って本書の締め括りにとりかかる。その総括は一つの問いに答えるという仕方でおこなわれている。その問いとは、〈もの〉の政治的エコロジーが、同じように政治的領域にコミットする類似の試みである〈環境保護主義（environmentalism）〉[11]とどのような関係にあるのか、という問いである。ベネットによれば、〈環境への配慮〉に関する言説と〈生気的物質性との邂逅〉に関する言説とを比較してみた場合、前者に対する後者の利点は次の三つにまとめられる。

第一に、〈環境〉が人間文化との関係において・人間文化の基体として――要するに人間中心的に――定義されるのに対し、〈物質性〉は人間と人間でないものとに平等（無差別）に適応できる概念である。このように物質性の概念は、存在論的階層（存在の大いなる連鎖）という伝統的見解を括弧に入れ、人間・生命圏・非生命圏の間の関係を水平化するので、人間と人間でないものとの複雑

（11）環境保護主義の政治的主張の具体例については、以下を参照されたい。Cf. Ibid., p. 111.（二一〇―二一一頁）

な絡みあいに注意を向けるのに役立つ。

第二に、物質を生動的（vibrant）と捉えることは、物質が私たちの予見の及ばない仕方で発展していくということを――言いかえると、物質の世界が線型的ないし決定論的因果性に支配されているわけではないということを――認めることである。このような洞察によって私たちは環境保護主義者の一部が支持している自然についての目的論的で有機体主義的な見方と、その反対者が採用している自然の機械論的イメージの二者択一に陥ることなく、第三の道を探ることができる。

しかし第三にして最大の利点は〈自己（self）〉と〈自己利益（self-interest）〉のイメージが変貌することである。生気的物質性は、私たちの肉体がもつアセンブリッジとしての〈エイリアン〉的な性質を捉えるのに適しており、それゆえ人間そのものが〈人間と人間でないものとの意のままにならない親族関係にある〉ということを思い出せてくれる。私たちが私たちであるために不可避的に抱えこまざるをえない、このような異邦人的あり方に注意深くなるならば、私たちは今まで通りあまりにも向こう見ずに生産したり消費したりしつづけることができようか、とベネットは問いかけている[12]。

五　三つの対立軸――情動・唯物論・エコロジー

ここまで本書の概要を瞥見してきたわけだが、最後にベネットの生気的唯物論を現代思想の全体的布置のなかに——三つの対立軸を意識しながら——もう少し正確に位置づけてみよう。

ベネットの専門が政治学であることはすでに述べた。ベネットの政治思想の出発点にあるのは二〇世紀後半に一世を風靡した〈脱神秘化（脱神話化）〉に対する反省である。最初に断わっておかなければならないのは、ベネットは民主主義的・多元主義的政治において〈脱神秘化〉が有効な道具になりうることを否定しているわけではない、ということである。だがベネットによれば、〈脱神秘化〉はあくまで用心深く、必要最低限に用いられるべきである。第一の理由としてあげられているのは、現存の体制への執拗な批判そのものにはそれに代わる別の選択肢を生み出す力がない（要するに批判は破壊に適しているが創造には向いていない）、ということである。このような無力感はたんにベネットだけでなく多くの〈脱神秘化〉の熱心な推進者の実感でもあったと言う。[13]

〈脱神秘化〉の一面性への反省からベネットは人間の情動（affect）がもつ倫理的重要性に目を向ける。彼女自身の回顧にもあるように、[14] これは当時勃興しつつあった政治理論における一種の倫理的・美的（感性的）転回に与することでもあった。しかし〈脱神秘化〉の一面性への反省という先の問題意識に引きつけて言えば、このことは、政治的原理や政策を机上の空論に終わらせないためにそれを歓迎しうる人間の気質や気分の形成にまで視野を広げなければならない、ということであ

（12） Cf. Ibid., p. 113.（二二三頁）
（13） Cf. Ibid., p. xv.（二七頁）
（14） Cf. Ibid., p. xi.（二一頁）

る。気分や情動が適切に整えられてはじめて一連の道徳的原則は実行可能になる。

政治理論における倫理的・美的転回の軌道上に情動の問題が考えられているという点では、本書もそれ以前の彼女の著作と何ら変わりないとベネットは言う[15]。しかし情動の問題はもはや人間に限定されない。言いかえると、情動を感じる人間から人間に情動を引き起こす人間以外のものへと論点が移動するのである。このように有機体と無機物の間、あるいは自然と文化の間の垣根が取り払われた上で、あらゆるものが物質性という同一基盤の上に情動的相互作用をしていると見なされることによって、ベネットは生気的唯物論という一元論的存在論に立脚することになる。

しかしなぜベネットは倫理的・美的転回にとどまりえず、情動の問題を人間以外のものにまで拡張し、一元論的存在論にまで進まなければならなかったのだろうか。その理由は〈脱神秘化〉における第二の問題点――つまりその人間中心主義――に求められる。ベネットによれば、〈自然〉であるかのように偽装している〈人間の権力意志〉に欺かれないように極度に敏感になることによって〈脱神秘化〉は至るところに〈人間的なもの〉を見出す。しかしこれによって「生動的物質」はあらかじめ視野のそとに置かれるとともに政治的主体も人間に限定されてしまうのである。

しかしこのように〈脱神秘化〉への批判がベネットにとって政治的問題における〈人間でないもの〉の重視へと通じているなら、その生気的唯物論はヘーゲル・マルクス・アドルノの系譜につらなるものではありえない。この系譜においては政治的文脈において物質性が問われるとしても、その物質性ということで考えられているのは人間の社会構造やそれによって具体化されている人間的な意味でしかない。実際マルクスもまた商品について〈脱神秘化〉をおこなったのではなかったか。

こうしてベネットは歴史的唯物論——そのようにベネットは先の系譜を総称している——を唯物論それ自体と見なすことに抵抗し、みずからの唯物論をデモクリトス・エピクロス・スピノザ・ディドロ・ドゥルーズの系譜に位置づけ、政治理論における唯物論をいわば二重化するのである。

しかしベネットにとって関心の所在はそもそもの最初から政治にあった。だとすると、このもう一つの唯物論の政治的ポテンシャルが問題とならざるをえない。すでに見たように、ベネットの政治理論は政治を〈政治的エコロジー〉として、それとともに〈公衆〉を〈人間と人間でないものの集合体〉として定義することを目ざしている。このような目標を掲げることで、ベネットの〈政治的エコロジー〉は二元論を脱しきれていない〈自然〉概念を一元論的な（生動的）〈物質〉概念に置き換えるように、また人類の利己的関心を基盤に据えながらも、その場合の自己を〈人間と人間でないものとのアセンブリッジ〉として捉え直すように提案することによって、いわゆる〈環境保護主義〉からも距離をとるのである。

このようにベネットの生気的唯物論は〈脱神秘化〉、〈歴史的唯物論〉、〈環境保護主義〉という三つの概念ないし思想との対立によって、言いかえると、三つの「〜でない」によって、その政治思想上の大体の位置を特定することができるように思われる。先の概要説明と合わせることによって、その輪郭がある程度立体的に浮かび上がってくるならば幸いである。

（15） Cf. Ibid., p. xii.（二二頁）

六　私たちの〈思弁的存在物語〉へ

現代思想にある程度通じている人が読めば、ベネットの『生動的物質』はすでによく知られている概念を巧妙に配列し直しただけの書物のように見えるかもしれない。なかでもフランスのポスト構造主義の思想家への傾倒はあきらかであり、ベネット本人も特にそれを隠そうとしている様子は見られない。とはいえ同書で用いられている素材は時代もジャンルも多岐にわたるだけでなく、それらが見事に配列され、一つの美しい織物《タペストリー》を形づくっている。もちろん憶測を逞しくすれば、そのような図案にも模範らしきものを探しあてるのはさほど困難ではないだろう。しかしそのような詮索をかいくぐって、それ以外のどこからも感じられないような何かがベネットの書物から香気のように立ち昇っているように思われる。それがどこから来るのかははっきりとはわからないけれども、ベネットにとって、ドゥルーズやフーコーが必ずしもそれ自体としてではなく、ソローやホイットマンの思想と共鳴しあうものとして発見され、受容されているのならば、そこにこの書の魅力の源泉があるのかもしれない。

〈思弁的存在物語〉の語が示すように、私たちを〈もの〉の世界へと誘うために、個々の単語の選定を含む文体全般に非常な注意が払われていることは、本人が明言しているだけではない。その修辞的効果は英語を母語としない私のような読者にも一種の快楽を与えるまでになっている。また具体例としてアメリカの日常的風景や時事問題が取り上げられていることは、それを身近で体験した読者に強くアピールし、本書の主張の説得力をいっそう増すのに役立っているだろう。しかし東日本大震災やコロナ禍を経験した今となっては、わが国の読者もベネットの言う〈人間と人間でないものとの両者によって構成されるアセンブリッジとしての政治的アクタント〉という言葉を、それなりの実感をもって読むことができるかもしれない。

しかし読むことは読むことのまま、ひたすら水平的に増殖しなければならないというものでもないだろう。どこからか、私たちの〈思弁的存在物語〉が、あるいは『生動的物質』が書かれるべきではないか、という声が聞こえてくるようだ。

第三章　ポスト・トゥルースを突き抜ける新しい哲学の挑戦

一　ポスト・トゥルース時代の「嘘」

ドナルド・トランプはニーチェとジャック・デリダの後継者なのではないか――こんなふうに哲学者たちはこの上なく真剣に問うてきた。真と偽の違いを無視する態度は典型的な「ポストモダン」の態度ではないか。世界を「オルタナティブな事実」でいっぱいにするためにソーシャルネットワークを利用するならば、それによって〈事実はなく解釈だけがある〉というニーチェのテーゼがもう一度くりかえされているのではないだろうか。(1)

これは二〇一八年に刊行されたフランスの哲学者ミリアム・ルボー・ダロンヌの『真なるものの弱さ』(2)に寄せられた書評の一部である。「ポスト・トゥルースは〈真正の〉問題ではない」という書評のタイトルが示すように、話題となっているのは〈ポスト・トゥルース〉と言われる状況である。二〇一六年に『オックスフォード辞典』の今年のワードに選出されたことでポスト・トゥルースという言葉は広く知られるようになった。そこではポスト・トゥルースは「世論を形成するにあたり、客観的事実より感情や個人的信条に訴えることのほうが影響力をもつ状況」と定義されている。

二〇一六年と言えば、EU離脱を決めたイギリスの国民投票とトランプ陣営が勝利したアメリカ大統領選がおこなわれた年である。二つの出来事に共通しているのは、その過程で真偽のはっきりしない情報がメディアを通してばらまかれ、その疑わしさが指摘されていたにもかかわらず、蓋を開けてみると「嘘」を活用した側が勝利する、というシナリオである。

政治家の嘘は昔からくりかえされてきたもので、とりたてて珍しくないと言われるかもしれない。しかし従来の嘘とポスト・トゥルース的状況下における嘘との懸隔は大きい。

真実が暴かれるやいなや、嘘をついた側は糾弾され、釈明に追われるのが、これまでは普通だった。しかし昨今では嘘の証拠を突きつけられても、嘘をついた当人は少しも動ずることなく、それによって支持者を失うこともない。

したがってもはや真理や事実を隠蔽するために嘘がつかれているのではない。そもそも隠蔽されるのは、ある意味において真実の重要性が認められているからであろう。しかしいまや真実は隠蔽するという労力にさえ値しない。というのも、それ以前の前提として真実と虚偽の境界が取り払われてしまっているからである。

（1） Michaël Fœssel, "La post-vérité n'est pas (vraiment) le problème," *BIBLIOBS*, Publié le 2 novembre 2018.
（2） Myriam Revault d'Allonnes, *La Faiblesse du vrai: Ce que la post-vérité fait à notre monde commun*, Paris: Éditions du Seuil, 2018.

二　客観的事実・科学的真理への懐疑

私たちはさまざまなことを当然と信じて生きている。ある出来事が、自分の信じていることと矛盾するにもかかわらず、真であると証明されたとしよう。この真なる出来事を受け入れ、それにのっとってみずからの信念の体系を組みかえるのが合理的な態度である。

しかし私たちは必ずしもつねに合理的思考や明証的事実に基づいて生きているわけではない。このような「発見」が一九五〇年代以後、実験心理学の分野において相ついでなされた。客観的事実や真理ではなく、同じようなタイプの人の意見に適合するように自分の信念を形成していく傾向が私たちにはある、ということが実証されたのである。

このように「客観的事実」を軽視する傾向が人間にそもそも備わっているとして、この傾向を一気に加速させることになったのが、近年におけるSNSなどのソーシャルメディアの発達である。ソーシャルメディアにおいては、私たちは自分の気にいらないものをクリック一つで削除することができ、その結果、同じ傾向の人々とグループを形成しやすくなっている。あきらかな証拠をあげられても、それと真っ向から対立する周囲の人々の意見に同調する、というのは、ソーシャルメディアに親しんでいる人であれば、ごく見慣れた光景であろう。

しかしこうなると科学的・学術的真理でさえも安泰とは言えない。あることがらがいかに科学的に、あるいは一般に学問的に真であると証明されようとも、科学的・学問的方法そのものに対して疑いがかけられ、それとは別の、とうてい科学的・学問的とは言いがたい、ものの見方が提起されるのである。

科学を含む学問一般に対する、このような懐疑的態度はいまや歴史的事象ばかりではなく、より客観的と思われる原子力発電や地球温暖化のリスクに関する知識にまで及んでいる。

三　ポスト・トゥルースはポストモダンの鬼子か

二〇一八年『ポスト・トゥルース』[3]と題する著作を刊行したリー・マッキンタイアは、科学的・学問的方法そのものに対して疑いのまなざしが向けられる際に、このような態度を支えているのは「科学が真理を独占しているわけではない」という思想であり、この思想の起源をたどればポストモダンに行きつくと主張した。[4]

真理や事実を特定の社会集団によって構成される間主観的なものとする「社会構築主義」はポストモダン思想の重要な側面の一つである。しかし、このような考え方に従えば、特権的な唯一の真

（3）　リー・マッキンタイア『ポストトゥルース』（大橋完太郎監訳）人文書院、二〇二〇年。
（4）　同、一六一頁以下、参照。

理などなく、科学的真理といえども特定の社会的文脈を前提とし、それを是認するイデオロギーの所産として複数の真理の一つへと格下げされるのである。

前世紀の九〇年代半ばに、数学や理論物理学の用語を散りばめた無内容な疑似論文がポストモダン系の学術誌に投稿され、掲載されるという事件が起こった。いわゆる「ソーカル事件」である。物理学者ソーカルは、ポストモダンの思想家による科学の乱用に科学的真理や事実の軽視という姿勢を見てとり、いささか悪趣味な仕方でポストモダンを糾弾したのだった。

しかしマッキンタイアによると、この告発はセンセーションを巻き起こしたこともあり、かえってポストモダン的な科学批判を一般に広め、特定の政治的立場を擁護する人々がそれを悪用するきっかけを作ったのである。

近年におけるその代表が大統領選におけるトランプの勝利に影響を与えたとされるブロガー、マイク・セルノヴィッチである。セルノヴィッチはポストモダン的な相対主義の理論を熟知した上で、それが陰謀論やフェイクニュースを信じさせる根拠になりうると見なしていた、とマッキンタイアは指摘している[5]。

これに対して哲学者たちの側にはどのような反応が見られるであろうか。すでに以前からブリュノ・ラトゥールは、科学的証明の不十分さを指摘する自身の手法があらゆる真理を反駁するための道具となった、ということを憂慮していた。これをマッキンタイアは「ポストモダニストたちの「悔恨」[6]」と呼んでいる。また二〇一七年には、ダニエル・デネットがあるインタビューのなかで真理と事実に関するシニカルな態度を広めた責任の一端がポストモダンにあることを認めている[7]。

四　ポストモダンと〈新しい実在論〉

もちろん哲学者は反省したり後悔したりしていただけではない。実を言えば、二〇一六年にポスト・トゥルース的状況が顕在化する以前から、その段階的な進展を睨みつつ、対抗運動の準備が進められてきた。〈新しい実在論〉と呼ばれる一派がそれである。二〇一八年に来日し、テレビでも特集番組が組まれたマルクス・ガブリエルは、マウリツィオ・フェラーリス、ポール・ボゴシアンなどとともに中心人物の一人である。

マッキンタイアの言う「ポストモダニストたちの「悔恨」」を〈新しい実在論〉の人々は、アドルノとホルクハイマーの『啓蒙の弁証法』を念頭に置きながら「ポストモダンの弁証法」と名づける。そして社会構築主義に攻撃の狙いを定め、それに彼ら自身の「事実性からの論証」を対置する。つまり「真実はなく解釈だけがある」というスローガンに「いずれにしても何らかの事実はある」というテーゼによって応戦するのである。

(5) 同、一九〇頁、参照。
(6) 同、一八二頁。
(7) 同、一八八―一九〇頁、参照。

この事実の次元をどこに求めるのかは哲学者によって異なっている。たとえば、フェラーリスは感覚が開示する知覚の世界に、ボゴシアンは近代的理性が見出す自然科学的な世界に、そうした事実の次元を求めている。

フェラーリスによれば、外的感覚において私たちは、必ずしも私たちの意のままにならない〈もの〉の抵抗を、環境の抵抗という形でたえず受け、それによってたんなる「実在性」を超えた「現実性」に出会う。他方、ボゴシアンによれば、ポストモダンの考える完全に平等な相対主義は原理的にありえず、経験（実験）と合理性とを基準とする近代科学的な認識が特権的な認識の枠組として優先されなければならないのである。

五　ガブリエルとポスト・トゥルース

これに対してガブリエルは「ある」の分析から出発する。ガブリエルによれば「ある」と「どこ」は互いに切り離せない。この「どこ」をガブリエルは「意味の場」と呼ぶ。この意味の場は無数にあり、どのような観点から捉えるのかに応じて、たとえ同じものでも複数の意味の場に現われることができる。しかしその一方で伝統的に「世界」と呼ばれてきた「有るものの全体」、ガブリエルの言い方では「あらゆる意味の場の意味の場」は端的に存在しないのである。「有るものの全体」がそこに根を下ろしている究極の地盤はなく、ローカルな意味の場の無限の重なりだけがあるのだとしたら、ガブリエルの思い描く「有るもの」の眺望は、ポストモダンのそれにかぎりなく接近するように見える。特に〈自然科学の対象は宇宙という一つの意味の場にすぎず、それと並んで無数の意味の場が対等の資格をもって存立している〉とガブリエルが強調するとき、自然科学的真理の批判という一点において、両者の間の距離はほとんどゼロに等しくなるように思われる。

しかしそれならば、ガブリエルも悪しきポストモダンと道行をともにし、ポスト・トゥルースへと突き進んでいく以外にないのではないか。

ある意味において、それはその通りなのである。「世界は存在しない」という主張とともに、ガブリエルは事実上、一種のポスト・トゥルース的状況を受け入れていると言える側面がある。

しかしこれだけでは文字通り、ことがらの一面にすぎない。というのも、『なぜ世界は存在しないのか』においても、「世界は存在しない」というテーゼの証明は早々に終わってしまい、その後は一種のポスト・トゥルース的状況における真理と虚偽の問題へと話は移っていくからである。

そこにはめくるめく光景が現出する。現実のなかの虚構のみならず、その虚構のなかの現実、さらには虚構のなかの虚構などの果てしない入れ子構造が、彼のお気に入りの映画『最後のユニコーン』やモキュメンタリー『ジ・オフィス』をはじめ、トーマス・マンの小説『ヴェニスに死す』やマラルメの詩『類推の魔』に至るまで、さまざまな題材を例にとりながら縦横無尽に論じられてゆく。

六　ポスト・ポスト・トゥルースへ

このようにして、真とは何か、偽とは何か、ということが、あらためて問いに付されるとき、私たちはそこにガブリエルの暗黙のメッセージを読みとることができる。

真と偽の単純な分断こそが古くさい先入見だったのであり、だとすれば到来しつつあるポスト・トゥルース的状況はある意味において「福音」と言える、つまりそれはたんに真偽の区別を消失させるだけでなく、〈真理の再定義ないし真理の真の姿の発見〉へ向けての最初の一歩でもあるのだ、というメッセージである。

ガブリエルの〈新しい実在論〉の最大の特徴の一つはここに、すなわちポスト・トゥルース的な状況に定位しつつ、そうした状況の彼方へ、いわばポスト・ポスト・トゥルース的とも言うべき次元へ向かって、存在論的思索を押し進めようとしている点にあるように思われる。真と偽の関係がたんに転倒されたり、その二項対立が廃棄されたりするだけではない。すべてが一様になったその後で、偽をも「ある」の一つとして捉えられることにより、〈偽なるものの真〉とでも言わざるをえない何かが現われ出てくるのである。

付記

本章は大橋完太郎「「ポスト・トゥルース」試論——現象と構造」[8]や百木漠「ポスト・トゥルース」[9]に刺激をうけて書かれた。特にその前半は大橋論考の内容を自分なりに整理し直したものになっている。もっとも氏の論考は、私のものとは比較にならないほど詳細で、さらにM・R・ダロンヌの著作紹介や情動の問題に関する独自の考察も含んでいるので、興味をもたれた方には一読をおすすめしたい。ただし私の主眼は、マッキンタイアの考えるようなポストモダンとポスト・トゥルースというコンテキストを、フェラーリス、ボゴシアン、ガブリエルらの〈新しい実在論〉の理解のための基礎フォーマットの一つとして使用できないか、という点にあった。フェラーリスのドキュメンタリティの理論やボゴシアンの相対主義批判がこのような脈略で理解されうる、というだけではなく、ガブリエルの思想もまたこのような背景のもとに理解されるべきではないのか、というのが私の言いたいことであった。

（8）大橋完太郎「「ポスト・トゥルース」試論——現象と構造」『美学芸術学論集』第一五号、神戸大学文学部芸術学研究室、二〇一九年。

（9）百木漠「ポスト・トゥルース」『現代思想』臨時増刊号「総特集＝現代思想43のキーワード」四七（六）二〇一九年四月。

第四章　脱グローバリゼーションの存在論的基礎

一　パンデミック

中国での新型コロナウイルスの感染爆発は二〇一九年一一月の中旬にはじまり、二〇二〇年一月下旬になって当局による警告が発令され、ついで同月二三日に武漢がロックダウンされた。この間およそ半年しかないのに、ずいぶんと遠い昔のことのように感じられたものだった。その後このウイルスは瞬く間に世界中に広まり、場所を変えながら人々の生命を着実に奪うだけでなく、次第に社会システムそのものにまで影響を及ぼし、それにともなって私たちの生活パターンも多かれ少なかれ変更を強いられた。終熄の見通しはまったく立っておらず、いったんは衰えたかのように見えても、まもなくそれに次の感染爆発が続くという具合であった。

この拡大の過程において新型コロナウイルス感染症は COVID-19 と命名され、二〇二〇年の三月中旬にはそれが世界的流行の状態にあること、つまりパンデミックであることが認定された。天然痘やペストなどパンデミックは歴史上珍しくはない。しかし人類全体の脅威であることになんら変わりはなく、そのたびごとに精神的動揺ばかりでなく、社会生活上の変化も引きおこしてきたが、今回も同様であった。出口の見えない手さぐり状態のなかで、この危機を脱するために医療や政治レベルの対策に多大な努力が払われただけでなく、すでに一部の人々の関心はパンデミック終焉後の社会のあり方にも向けられていた。

二　知識人のコミットメント

新型コロナウイルス感染症に関する特集が雑誌やテレビなどで組まれ、各分野の専門家がそれぞれの立場から意見を述べたのも、実際このような問題意識に基づいていた。大半は医学や経済の専門家だが、なかには哲学者・思想家も含まれていた。

感染の中心が中国から西ヨーロッパや北アメリカに移ると、最初イタリアが酷い被害を被った。日本では想像もつかないが、イタリアやフランスでは哲学者の社会的地位が極めて高く、時事問題についてリアルタイムで発言することがつねに期待されている。このような事情もあり、ある哲学者が発言すると、それに別の哲学者が応答し、連鎖的に議論の応酬が続くという様子もたびたび見られた。しかしたんに社会的地位が高いというだけで、発言も哲学を本業とする人ならではのものでないなら、あえて〈哲学者〉などの出る幕ではないという見方も成り立ちえよう。

三　G・ハーマンの見解

〈オブジェクト指向存在論〉と呼ばれる一派の総帥としてグレアム・ハーマンは二一世紀哲学の推進者の一人と目されている。コロナ危機について沈黙を守りつづける彼にあるインタビュアーがその理由をたずねた[1]。

ハーマンによれば、哲学的思索は刻一刻と変転する緊急事態にリアルタイムに反応できない。むしろある事件によって種が撒かれ、それが結実して一つの哲学的思想になるまでには相当の時間を要する。そのため哲学というのは本質的に即効性のない営みなのである。もし哲学のもつこのような本性に逆らって、性急に時事問題に積極的に介入しようとすれば、プラトンやハイデガーのあやまち――哲学的思索と政治的実践の混同――をいたずらにくりかえすだけだろう。仮にそのようなあやまちを犯さない場合でも、哲学者がなしうることには一定の限界がある。つまりこんな時に哲学者ができるのはせいぜい、これまでの自説をあらためて述べ直し、それを倍がけする――再度強調する――ことでしかないのである。

このような発言から判断するにハーマンが社会・経済・政治的問題に対する積極的コミットメントを好まないタイプの哲学者だということはあきらかである。しかしそのことを認めた上で、ここではあえて彼に対して少しばかり反論を試みよう。

四　ハーマンに抗して

ハーマンの言うこともわからなくはない。たとえば、ヘーゲルは〈ミネルヴァの梟は黄昏とともに飛び立つ（哲学はいつも現実に遅れてやってくる）〉と語った。ハーマン自身の哲学が現実のたんなる追認にとどまっているのかはともかく、少なくとも現実を変革することを哲学の使命と見なさないという点では、彼は青年マルクスよりもむしろ老ヘーゲルに似ているようだ。

しかしここではハーマンに即して、以前から抱いていた思想に基づいて思想家がいま生じつつある出来事について語るのは本当に無意味なのだろうか、と問いかけてみたい。当の出来事によって引き起こされる変化をささいな変化と見なしうるほど大きな視野でものごとを考えているとしよう。この場合には彼ないし彼女の視野は非常に広く、目下の出来事を包みこむほどだろう。銀河の誕生と死を考える宇宙物理学者ほどではないにせよ、哲学者もたんに数十年単位でものごとを考えているわけではない。たとえばニーチェは、ソクラテス以来の西洋文明の帰結として〈神の死（ヨーロッパのニヒリズム）〉について語ったのだった。

しかし当の出来事を漏らさずつかまえるには、その思想の網の目はあまりにも粗すぎるかもしれ

（1）　Graham Harman, "Lockdown and the Sense of Threat. Interview," in: Baykuş: Felsefe Yazilari, May 6, 2020.

ないし、この出来事が今後数千年の変化の新たなはじまりなら、投げかけた網はそれにわずかに届かないだろう。このような場合には、いくらタイムスパンを長くとろうとハーマンの批判があてはまってしまう。この点についてはもう少し掘り下げてみる必要がありそうだ。

五　パラダイム・シフト

テレビの新型コロナウイルス特集などで、パラダイム・シフトという言葉を耳にする機会が多かった（特に経済学者などが用いている印象を受けた）。本来、パラダイムとは科学史家トーマス・クーンが『科学革命の構造』において科学的探求の特徴を言い表わすために用いた概念である。クーンによれば、科学という知的活動は通常科学と科学革命という二つの時期に分けられる。典型的業績（パラダイム）の出現とともに、それを見ならうべきモデルとしながら科学者集団が一丸となって個別の問題解決に取り組むのが通常科学の時期である。しかしこの基本方針のもとでは解決困難である変則事例のたび重なる出現によって現行パラダイムが存続の危機に陥ると、支配的パラダイムの変更（科学革命）が起り、それを新しいパラダイムとして新たな通常科学の時期がはじまる。要するにクーンによれば、科学は累進的にではなく、たえざる解体と飛躍とを含みつつ発展してゆくのである。

クーンが念頭に置いていたのは百人程度の規模の科学者集団である。しかしこの概念は次第に発案者の手を離れ、より広く時代（社会全般）のものの見方について用いられるようになった。この拡張された意味においては、ある時代のものの見方を根本的に規定している思考の枠組み（世界観）がパラダイムだ、ということになる。そうすると現代がパラダイム・シフト（パラダイムの移行）の時期だというのは、それが科学革命に相当する一種の過渡期だということ、私たちがこれまで標準的に採用していたものの見方、私たちの思考の枠組みが、たび重なる変則事例の出現によって、もはや現実の問題解決に役立たなくなり、この枠組みそのものの全面的刷新が求められている、ということである。

ところで私たちのものの見方のたんなる部分的修復ではなく、その取り壊しと再設計、あるいはその再発明のためには、いまいちど人類の精神的在庫を総点検し、そこから使えそうなものをいくつか選び出し、それらを一から組み上げなければならない。だとすると、ここで役に立つのは既存のパラダイムのうちで思考する人（知者）ではない。かえってむしろ、つねにその手前にあって思考する人、採用されるかどうかわからないパラダイムの可能性の海を泳ぎつづける人、要するに、知を愛し求める人（哲学者）である。[2] 既存の秩序の内部にあって、あくまでもそれを前提した上で、緻密な計算を駆使して最適解を見出すことができるというだけでは、知者とは言えても、哲学者とは言えない。いかなる秩序も崩壊しうるという予感のなかで、つねに別の秩序への飛躍を準備して

（2）哲学者 philosopher という語は「知恵を愛する者」を意味する古代ギリシャ語の φιλόσοφος（フィロソフォス）に由来するが、この言葉は意識的に知者・賢者 σοφός と区別して用いられている。

いるのが哲学者というものであろう。

六　人新生とモートン

人新生とは何か

最初に〈人新生（アントロポセン）〉という概念を取り上げよう。これはパウル・クルッツェンという大気化学を専門とするノーベル賞学者によって二〇〇〇年に提起された地質学上の概念である。従来の常識では、氷河期の終焉以後、現代まで続く地質年代は完新世と呼ばれていたが、クルッツェンによれば、その時代は終わり、すでに人新生と呼ばれる時代に入っているのである。

この地質年代が人新生と呼ばれるのは、人間の活動によって地球の表面が大きく変えられ、恐竜を絶滅させた小惑星の衝突のように、この変化がはるか後の時代にまで、それとわかる痕跡を地表に残しつつあるからである。核実験などが最もわかりやすい例だが、人間の活動によりこれまで地上に存在しなかった人工的物質の堆積層が生じつつある。また化石燃料の燃焼は大気中の二酸化炭素濃度の急激な増大をもたらしたが、さらにこの増大は気温の上昇やそれによる生物の移動、海洋酸性化なども引き起こしている。さらに森林伐採などの自然開発は生物の多様性を大幅に減少させ、種の大量絶滅の原因となっている。人新生がいつはじまったかは議論があり、異論の余地の少ないのは一九五〇年以後とする見解だが、産業革命以後、あるいは農耕開始以後とする意見もあり、この問題が現代の問題でありながら、人類の出現にまでさかのぼることができる古い問題でもあることを示唆していて興味深い。

クルッツェン自身の述懐によれば、彼が人新生という概念を提起したのは、それが環境破壊による最終的破滅の抑止力となりうることを願ってであった。しかし私たちはここに広義のパラダイム・シフト問題を重ね合わせてみよう。そうすると人新生という概念は、それが〈人間自身によってすでに変化させられた自然のうちに人間は生きている〉ということを教えるかぎりにおいて、人間と自然の関係をめぐる新しい思考の枠組みを予示していることになる。

モートンの自然なきエコロジー

二〇一九年に日本語訳が刊行された『自然なきエコロジー』(3)のなかで、ティモシー・モートンは自然の概念を用いずにエコロジーを考えることを提案している。自然は私たちから切り離され、どこかにじっとしていて、たんに征服ないし保護されるのを待っているような存在ではない。それはすでに私たちとともにあり、私たちのうちに入りこみ、私たちにさまざまな影響を及ぼしているが、この〈ともにある〉という繊細かつダイナミックなあり方は旧来の〈自然〉という概念によっては捉えられない。だから自然という概念は捨て去られるべきだというのである。

新型コロナウイルス騒ぎの最中に発表されたモートンの「ウイルスとの共生に感謝(4)」という短文

(3) ティモシー・モートン『自然なきエコロジー——来たるべき環境哲学に向けて』(篠原雅武訳)以文社、二〇一八年。

は「ウイルスは美である」という言葉で締めくくられ、衝撃をもって迎えられた。そこではウイルス（自然）と私たち（人間）との関係が、たんなる敵と友というような二項対立によっては捉えられない「曖昧」なものであることが語られている。「生き延びる」ことと「生き生きとしている」こと、あるいは「生」と「死」は互いに切り離しえない緊張関係にあり、危ういバランスのなかで次第に両者の境界がぼやけていくとき、私たちは自然と人間の真の関係を垣間見るのである。

もっともこのようなことはわざわざコロナウイルスを持ち出さなければ語りえないというわけではない。人間と自然との関係はより包括的で一般的な問題、つまり人間そのものの根幹に関わる問題だからである。人間が文明への道を歩み出した以上、自然との境界はすでに破られている。一方で人間の定住・都市化があり、他方で野生動物との接触があり、その中間に動物を起点としつつ人間へと感染し、さらに交通網を介して広がっていくウイルスがある。人間が人間であるということは、人間が自然から分離したということではなく、人間が自然とのいっそう複雑な相互関係に入ってゆくことを意味している。ならば、このことに適合した〈ものの見方〉が鋳造される必要があるのである。

七　グローバリゼーションとガブリエル

グローバリゼーションと反グローバリゼーション

人新生と並ぶ、もう一つの概念は〈グローバリゼーション〉である。人新生に比べるとやや生まれが早く、いっそう一般に流布しているといえようが、その定義はかえって難しい。ここでは国境を越えて（ボーダーレスに）モノ、カネ、ヒトが自由に行き来しうる状況とでも呼んでおこう。背後にあってこの概念を支えているのは、グローバリゼーションによって資本主義経済のさらなる発展が可能になるという発想であり、実際にもグローバル化した資本主義は国家によっておこなわれる政治的コントロールのそとで自己の成長をどこまでも追求してゆくかのように見えた。

しかしよく知られているように、グローバリゼーションにはさまざまな負の面があり、そうした負の面の一部（先進国における所得格差など）が反グローバリゼーションの流れを生み、二〇一六年の英国のＥＵ離脱やトランプ政権の誕生の背景の一つをなしたと言われている。またグローバリゼーション推進派にも、無条件のグローバリゼーションがリスクを伴うことは、リーマンショックなどの金融危機を通して知られていた。今回のパンデミックはこのような反グローバリゼーションの流

（4） Timothy Morton, “Thank Virus for Symbiosis,” STRP Festival, March 2020.

れを後押しし、グローバリゼーションの動向に決定的な歯止めをかけるとも考えられている。というのも、加盟国内の人の自由な往来がEU加盟諸国における最初の感染爆発を助けたという指摘が正しければ、そもそも今回のパンデミックはグローバリゼーションによってはじめて可能になったとも考えられるからである。実際その結果、EU内では国境は一時封鎖され、ほかの地域でも国際的分断が広がった。

ガブリエルの無世界観

新世代の哲学者としてわが国でも比較的その名が知られているマルクス・ガブリエルの場合にも、先のモートンの場合と同じようなことが言える。つまり、ガブリエルもまたパラダイム・シフトの狭間にあって、概念の可能性の海から浮かび上がってくる一見すると奇妙な観念を掘り下げているのである。新型コロナウィルスについて語るときですら哲学者である彼に具体的な経済政策のようなものを求めてはならないだろう。そのようなことをすれば期待はずれに終わるだけでなく、そもそも彼が何を言わんとしているのか皆目見当がつかなくなるだろう。まずはガブリエルの発言の水準に身を置くことが肝要である。この水準はグローバリゼーションでもなければ反グローバリゼーションでもない、いわば脱グローバリゼーションを、つまりグローバリゼーションと反グローバリゼーションという対立図式そのものを乗り越えることを目がけている。『なぜ世界は存在しないのか』においてガブリエルが提案していたのは、そのような原理的なものの見方の変革だった。『なぜ世界は存在しないのか』の主張は〈世界はない〉と〈無数の意味の場がある〉という二本の柱から成る。これら二つの主張は〈世界はない〉がゆえに〈無数の意味の場がある〉という形でつながっている。ここで〈世界〉とは〈あらゆるものを包括している唯一の領域〉のことである。もしそのようなものがあるならば、この最大限にグローバルな領域においては唯一の法則が、たとえば資本主義経済の法則が支配しているだろう。しかしそのような領域はない。グローバリゼーションの目標はたんに到達不可能というだけでなく、目標とされているもの自体がそもそも存在しないというわけだ。そうなるとグローバリゼーションの理念そのものが空中分解してしまう。ところがガブリエルによれば、現代の資本主義だけではなく、それを生み出した西欧文明は、最大限にグローバルな領域——これが〈世界〉と呼ばれている——の存在を暗黙のうちに前提し、したがって最初からグローバリゼーションの可能性を秘めていたのである。

とはいえ〈世界はない〉というのは〈何もない〉ということではない。それは〈世界というあらゆるものを包括する領域だけはない〉ということである。いっさいを包括するものがないなら、万物を貫いてそれを束ね、内側から支配している単一の法則（=ルール）もない。しかしそれはローカルな法則がないということではない。このローカルな法則をガブリエルは〈意味〉と呼び、それによって統括された領域を〈意味の場〉と呼ぶ。しかしグローバルをまったく前提しないローカルを想像するのは私たちには難しい。それほどまでに私たちの思考は〈世界〉という思想——これがより深い意味におけるグローバリゼーションなのだが——に捕えられているのである。まずはこの呪縛を解かなければならない。ガブリエルの言葉を借りれば、ただ〈無世界観〉だけが脱グローバリゼーションへと通じているのである。

あとがき

本書は「人間と実在——ポスト・ヒューマンへの東洋的な見方」を中心に既発表論考を再編し、全体を俯瞰するまえがきを新たに追加した『ポスト・ヒューマニティーズへの百年』（青土社、二〇二二年）の姉妹篇である。

各章の初出は以下の通りである。

第一部

第一章「人間と実在——ポスト・ヒューマンへの東洋的な見方」『現代思想』四八（一五）二〇二〇年一〇月

第二章「日本哲学という意味の場——ガブリエルと日本哲学」『国際哲学研究　別冊　新実在論の可能性』一一、二〇一九年三月

第二部

第一章「シェリングと思弁的転回——グラントのシェリング主義について」『近世哲学研究』第二〇号、二〇一七年三月

第二章「ドイツ観念論と思弁的実在論——シェリング再評価の文脈」『シェリング年報』第二七

号、二〇一九年七月
第三章　解題「イアン・ハミルトン・グラント「自然はあるがままにとどまるのか――力動性と先行性基準」」『現代思想』四七（一）二〇一九年一月
第四章「グラントの思弁的実在論――ハーマンのグラント批判によせて」『Prolegomena: 西洋近世哲学史研究室紀要』八（二）二〇一七年一二月
第五章「加速主義から思弁的実在論へ――ブラシエとグラント」『現代思想』四七（八）二〇一九年五月

第三部
第一章「新しい実在論」『現代思想』臨時増刊号「総特集＝現代思想43のキーワード」四七（六）二〇一九年四月
第二章「ガブリエルとポストモダン――ボゴジアン『知への恐れ』評に寄せて」『現代思想』四九（七）二〇二一年六月
第三章　一「マルクス・ガブリエル著『なぜ世界は存在しないのか』」『週刊読書人』二〇一八年二月二日号（三二二五号）二〇一八年二月
　二「マルクス・ガブリエルを読むために」『週刊読書人』二〇一八年六月二九日号（三二四五号）二〇一八年六月
第四章「〈構成的退隠〉から〈無世界観〉へ――ガブリエルの形而上学批判」『現代思想』臨時増刊号「総特集＝マルクス・ガブリエル　新しい実在論」四六（一四）二〇一八年九月

第五章　「マルクス・ガブリエル「形而上学の根本的問いに対するシェリングの答え」を読むために」『ニュクス』第二号、堀之内出版、二〇一五年一二月
第六章　「後期シェリングの現象論――意味論的観念論の批判」『フィヒテ研究』二八、二〇二〇年一一月
第四部
第一章　「シェリング――反政治と再自然化」『POSSE』三六、堀之内出版、二〇一七年九月
第二章　「ジェーン・ベネット『生動的物質』」『現代思想』五〇（一）二〇二二年一月
第三章　「ポスト・トゥルースを突き抜ける新しい哲学の挑戦――マルクス・ガブリエルと新しい実在論」講談社 現代新書 Web、二〇一九年六月
第四章　「いま哲学者たちはコロナ禍をどうみているのか」『じっきょう　地歴・公民科資料』九一、二〇二〇年九月

その程度は論文によって違いはあるものの、すべてにわたって加筆・訂正をおこなった。本書収録の論考のうち、最も新しいものは二〇二二年一月の日付となっている。それから二年以上が経過しており、その間に発表したものも、この論集に収めるかどうか大いに迷ったが、どことなく収まりが悪いように感じられ、結局それはしなかった。前著『ポスト・ヒューマニティーズへの百年』のもとになった連載の終わったのが二〇二二年の三月であったから、結果的にそれに合わせたことになる。姉妹篇と言ったのは、そういうわけであった。

前著に引き続き、本書を刊行するにあたっては『現代思想』編集部の加藤紫苑さんに大変お世話になった。一言ではとても言いつくせないが、あらためてお礼を申し上げたい。

浅沼光樹（あさぬま　こうき）
1964年、岩手県に生まれる。京都大学大学院文学研究科博士後期課程哲学専攻（西洋哲学史）研究指導認定退学。京都大学博士（文学）。専門は哲学・哲学史。著書に『非有の思惟――シェリング哲学の本質と生成』（知泉書館、2014年）、『ポスト・ヒューマニティーズへの百年――絶滅の場所』（青土社、2022年）がある。

人間ならざるものと反政治の哲学

2024年10月 2 日　第1刷印刷
2024年10月17日　第1刷発行

著　者――浅沼光樹

発行者――清水一人
発行所――青土社
〒101-0051　東京都千代田区神田神保町1-29　市瀬ビル
［電話］03-3291-9831（編集）　03-3294-7829（営業）
［振替］00190-7-192955

印刷・製本所――双文社印刷

装幀――佐野裕哉

ISBN 978-4-7917-7670-2